¡NO ME HAGAS CONTAR HASTA TRES!

Disciplina enfocada
en el **corazón** de tu hijo

GINGER
HUBBARD

POIEMA
LECTURA REDIMIDA

Mientras lees, comparte con otros en redes usando

#NoMeHagasContarHastaTres

No me hagas contar hasta tres
Ginger Hubbard

Traducido del libro *Don't Make Me Count to Three!* por © Ginger Hubbard en 2011 y publicado por Shepherd Press. Traducido por Jairo Namnún.

Poiema Publicaciones
info@poiema.co
www.poiema.co

Impreso en Colombia
ISBN: 978-1-944586-71-3
SDG 256

¡NO ME HAGAS CONTAR HASTA TRES!

Para mis padres, Chuck y Bonnie Ferrell.

Él nos ha devuelto los años que se comió la langosta.
Me levanto y les llamo bienaventurados.

— Joel 2:25

CONTENIDO

PREFACIO

"¡No me hagas contar hasta tres!". "¡Solo deja que llegue tu papá!". "¡No te conviene que vaya a buscarte!". "¿Quieres una nalgada?". "Si no haces caso, ya verás lo que te va a tocar".

¿Te suena familiar? No importa las palabras exactas, estas frases tienen algo en común: ayudan a los padres a evitar la indisciplina.

Todos los padres quieren que sus hijos obedezcan, pero muchos no lo consiguen. Algunos amenazan. Algunos sobornan. Algunos usan el "tiempo fuera". Otros simplemente ignoran los actos de desobediencia, tal vez porque no se les ocurre cómo manejarlos.

Las madres tendemos a pensar que la parte difícil termina una vez nace el bebé. Hemos soportado meses de nauseas, cambios inesperados en nuestros cuerpos y hasta el peligro del parto. ¡Qué sorpresa cuando nos dimos cuenta de que la parte difícil apenas estaba comenzando!

Siempre trataba de adelantarme al desarrollo de mi hijo, tanto durante el embarazo como después de que nació. En la medida en que estudiaba las Escrituras y leía libros llenos de sabiduría bíblica, era evidente que debía unir la disciplina con la instrucción. Tenía que aprender a ver más allá de la conducta externa y tratar de sacar a la luz lo que estuviera en el corazón de mis hijos. Mi esposo y yo teníamos que tomar la decisión de si íbamos a disciplinar físicamente o no. Y teníamos que aceptar el desafío de entender realmente de qué trata la instrucción bíblica, así como decidir las formas y los tiempos en que la impartiríamos. Este libro es el resultado de lo que he aprendido.

Hay muchísimos libros sobre la disciplina de los hijos. Algunos son profundamente bíblicos. Pero son pocos los que enseñan al lector a *aplicar* las Escrituras a la hora de instruir a sus hijos. Eso es lo que trato de hacer aquí.

— Ginger Hubbard

UNAS PALABRAS DE LA AUTORA

¡Vaya! Nadie me había dicho lo demandante que es escribir un libro. Tampoco me habían dicho cómo te afecta el cerebro, de modo que no puedes enfocarte en otra cosa que no sea escribir. Creo que el término coloquial para esta condición es decir que uno tiene el cerebro "frito". Hace poco estuve en la fila del autoservicio de un banco, y cuando llegué a la ventanilla me quedé mirando a la cajera mientras le decía: "Honestamente, no tengo la menor idea de por qué estoy aquí. Creo que debería estar de camino a la oficina del correo". Ella se me quedó mirando muy preocupada.

Mis hijos me dicen que ahora vivo en el espacio, y mi esposo se pregunta por qué una familia de cuatro necesita tres galones y medio de leche. Sí, escribir un libro es *así* de demandante. Pero al fin terminé. Ahora todo lo que queda es orar que este libro sea usado para glorificar a Dios, animar a los padres y beneficiar a los hijos.

No soy una experta en crianza, y no escribí este libro basándome en mi propia autoridad. Este libro fue escrito bajo la autoridad de la Palabra de Dios y la sabiduría de Su consejo. He escuchado a muchos "expertos" proclamar que la Biblia no tiene mucho que decir sobre la crianza. Tal vez han invertido demasiado tiempo sacando sus títulos, y no estudiando la Biblia. La Palabra de Dios tiene bastante que decir a los padres, pero debemos ser diligentes en leerla y aplicarla para poder cosechar sus frutos. Ciertamente, Dios nos ha dado todas las cosas que necesitamos para la vida y la piedad (2P 1:3).

"Esto es lo que pido en oración: que el amor de ustedes abunde cada vez más en conocimiento y en buen juicio, para que disciernan lo que es mejor, y sean puros e irreprochables para el día de Cristo" (Fil 1:9-10).

PARTE UNO

LLEGANDO AL CORAZÓN DE TU HIJO

1

EL ALTO LLAMADO DE LA MATERNIDAD

Si hoy me toca responder a otra pregunta insignificante, limpiar otra nariz mocosa o curar otro golpecito, voy a enloquecer... ¡y pobre del que esté cerca!

"¡Se acabó, niños! Voy a tomar un baño de burbujas, y no quiero que nadie me interrumpa. A menos que alguien se haya muerto o se esté muriendo, ¡que nadie toque mi puerta!".

Mientras la tina se llenaba de burbujas con olor a vainilla, empecé a orar: "Dios, ¿se supone que sea así? ¿No tienes algo más importante para mí? ¿Algo que requiera más destreza que atar unos zapatos o preparar unos sándwiches?".

Déjame ir un poco más atrás para contarte un poco de mí y de cómo llegué a este punto en mi vida. No siempre estuve viviendo al borde de la locura. Hace relativamente poco tenía mi vida bajo control. Manejaba un negocio exitoso y respetado, aconsejaba a otros respecto a sus habilidades organizacionales y tenía un auto bastante moderno donde NO cabía todo un equipo de fútbol. Veía programas de televisión que no eran protagonizados por vegetales ni por dinosaurios morados. Nunca tenía leche en la despensa, y nunca experimenté el pánico de tratar de recordar a quién llamaba mientras escuchaba a alguien decir "¿hola?" del otro lado del teléfono. Ayer pedí algo por teléfono. Cuando la encargada de ventas me pidió mi dirección, tuve que dejarla esperando. No tenía la más mínima idea de dónde vivía. La recordé luego de unos segundos, mientras buscaba la guía telefónica.

¿Qué pasó? La prueba salió positiva. Cambié mi traje de ejecutiva por ropa ancha con elásticos. Dejé a un lado mi música cristiana favorita para cantar "Canciones tontas con Larry". Tuve que despedirme de mis noticieros, pues ya había llegado Elmo.

A veces me da la impresión de que al final del día mis únicos logros son vestirme y sobrevivir. "¿No hay algo más que quieras de mí, Señor?". Hasta que finalmente escuché Su voz en la quietud. Puede que no haya encontrado la cura para el cáncer ni eliminado el hambre en el mundo, pero mientras descansaba en mi tina, Dios me recordaba que sí había logrado algo ese día. Había tenido el privilegio de escuchar de las esperanzas y sueños de un jovencito que cree que soy la mejor mujer del mundo. Tiene poco menos de un metro y le encantan los Legos y la pizza, pero es gracioso, encantador y nunca es aburrido.

También pude ver la radiante y preciosa sonrisa de mi dulce hija de cinco años cuando invadí su casa de Barbie con extraterrestres verdes. Mientras ella chillaba de alegría, mi corazón se derretía.

Sí tuve unos pocos minutos de privacidad en el inodoro sin que me tocaran la puerta. De hecho, anoté ese milagro en mi diario. También he podido leer un par de grandes clásicos. En voz alta. Quién quiere leerse a Shakespeare cuando puede leerse las obras del Dr. Seuss. Pude limpiar, organizar, aconsejar y cocinar. Besé golpecitos y sequé lágrimas. Felicité, regañé, animé, abracé y puse a prueba mi paciencia, y todo eso antes del mediodía.

Sí, hoy mi mayor logro fue cumplir con aquello que Dios me encomendó: cuidar de mis dos amados hijos.

Ahora hablemos de lo más difícil del día de hoy... y de todos los días: instruir a estos hermosos niños en los caminos del Señor. Dios tiene un trabajo muy importante para mí, y requiere de mucha destreza. Es mi llamado, mi prioridad, mi lucha y mi meta. Voy a levantarme y aceptaré la tarea. Voy a amar, cuidar e instruir a mis hijos como Dios me ha ordenado hacerlo.

Madres, necesitamos recordar la asombrosa responsabilidad que Dios nos ha dado. Cuando respondemos al alto llamado de la maternidad con pasión, las recompensas son mucho mayores que cualquier otra cosa que pudiéramos ganar fuera de ese llamado. Los gozos de la maternidad son tesoros preciados y hermosos que podemos pasar por alto si no aprovechamos la oportunidad.

Ser mamá es más que ser cocinera, taxista, camarera, consejera, doctora, árbitro, jueza, etc. (por nombrar algunas cosas). Se trata de forjar caracteres, cultivar confianza, cuidar, instruir y guiar. No hay nada como la influencia de una madre sobre su hijo, y esto hace que nuestro potencial para moldearlos sea enorme —para bien o para mal.

Escucha lo que Thomas Edison dijo acerca de su madre: "Por mi madre soy lo que soy. Ella fue tan genuina y reconfortante; sentía que tenía a alguien por quien vivir, a alguien que no debía decepcionar".[1]

Abraham Lincoln describió a su madre como la persona a quien le debía todo lo que él era y que pudiera llegar a ser.[2]

George Washington dijo: "Mi madre fue la mujer más hermosa que jamás haya visto. Le debo todo lo que soy. Le atribuyo todo mi éxito en la vida a la educación moral, intelectual y física que recibí de ella".[3]

¡Vaya! ¡Qué honor! Estos hijos ciertamente se levantan y las llaman bienaventuradas. ¿Cómo lo lograron estas mujeres? Una cosa es segura. Las madres de estos grandes hombres supieron cómo llegar a los corazones de sus hijos. Sabían lo importante que era aplicar la Palabra de Dios al instruir y cuidar a sus niños. Entendieron la disciplina bíblica e instruyeron fielmente a sus hijos en los caminos del Señor. ¡Y puedes estar segura de que nunca contaron hasta tres!

Probablemente compraste este libro porque tú también quieres instruir a tus hijos de acuerdo a la Palabra de Dios. Deseas ser la mejor madre que puedas ser. Deseas que tus hijos se levanten y te llamen bienaventurada. Buenas noticias, mamá: La Palabra de Dios está llena de instrucciones para ti. Vamos a explorar estas instrucciones juntas.

UNA ADVERTENCIA

Ahora que iniciamos este recorrido juntas, quiero hacerte una advertencia. La Palabra de Dios nunca regresa vacía. Eso significa que a medida que vayas aprendiendo y aplicando la Palabra de Dios a la instrucción de tus hijos, empezarás a ver fruto. Tendrás cada vez más logros en tu crianza. Tus hijos van a empezar a cambiar, y vas a disfrutar esos cambios. Aquí es donde viene la tentación. Ten cuidado de no enorgullecerte. El orgullo es tan malvado que está en la lista de cosas que Dios aborrece (Pro 8:13).

Recuerdo que a la edad de cinco años mis padres me regalaron un karaoke en Navidad. Me paraba delante del espejo por horas mirándome a mí misma cantar. Pensaba que era lo máximo. Cuando cumplí seis, ya lograba reunir pequeños públicos en las reuniones familiares, en la escuela y donde sea que me quisieran escuchar. Creo que Dios sabía que mi habilidad de cantar bien me pondría en riesgo de ser una engreída. Así que hoy puedo decirte con plena certeza que no puedo cantar absolutamente nada. Bueno, la verdad es que sueno muy bien en la ducha, pero ¿quién no?

Proverbios 16:18 nos advierte: "Al orgullo le sigue la destrucción; a la altanería, el fracaso". No aprendí mi lección de niña, pero Dios no se dio por vencido conmigo. Él continuó recordándome mi tendencia rebelde a ser orgullosa, y me humilla con frecuencia. Hay una lección en particular que recuerdo claramente a pesar de que han pasado ya tres años.

Normalmente hacía las compras en la mañana porque suele haber menos gente en el supermercado. Pero por alguna razón me encontraba haciendo fila para pagar a las seis de la tarde y con mis dos hijos. El lugar estaba repleto. Había cajeros en las diez cajas, y cada caja tenía seis o siete carritos. En la fila de al lado, la última fila, estaba una madre con sus dos niños pequeños. Tenían más o menos las mismas edades que los míos, tres y cinco.

Al final de cada mostrador habían unos pequeños refrigeradores. El de cinco años empezó a rogarle a su mamá que le comprara un refresco.

Mamá le dijo firmemente: "No". El niño empezó a caminar hacia el refrigerador.

Mamá le dijo (con voz fuerte): "¡Que no se te ocurra abrir ese refrigerador!". El niño abrió la puerta.

"¡No te atrevas a sacar una bebida de ahí!". El niño sacó su refresco.

"¡Si abres ese refresco, te la verás conmigo!". El niño quitó la tapa, la tiró al suelo y tomó un buen trago.

Mamá perdió los estribos y empezó a gritar. "¡Espera a que lleguemos a casa y tu papá se entere! ¡Ustedes nunca me escuchan! Me tienen hasta aquí, ¡los dos!".

Nadie supo exactamente dónde quedaba "aquí", pero seguimos escuchando. No es que estábamos de entrometidos. Pero no había más nada que hacer mientras esperábamos en la fila, así que todos los clientes estaban bien atentos. Pero para todos ver el desenlace de la escena, tenían que estar mirando más o menos donde estaba yo con mis hijos, quienes se estaban portando fenomenal ese día. Ahí llegó el orgullo. En vez de tener compasión de esta pobre mujer por las luchas que estaba teniendo con sus hijos, pensé con aire de superioridad: "Los *míos* no se comportan así".

Y entonces pasó. Mi hija de tres años, Alex, estaba detrás de mí cuando de pronto dijo las palabras más horribles que pudieras imaginar. Fue como si hubiera cogido el micrófono del mostrador y gritado con todas sus fuerzas. Tapándose la cara con las manos, gritó: "¡Mamá! ¡Te hiciste caca!". Quedé en shock. El tiempo se detuvo. Hasta este día, no sé qué fue peor: el hecho de que lo haya gritado o que todo el mundo se haya dado cuenta que era verdad.

Soy un testimonio vivo de Proverbios 11:2a: "Con el orgullo viene el oprobio". Querida mamá, si el Señor te bendice con buenos frutos en tu crianza, por favor, no te llenes de orgullo. ¡Recuerda esa tarde en el supermercado!

2

DEFENDIENDO LA DISCIPLINA

Disciplina. La palabra misma suena dura. ¿Por qué? Tal vez porque la sociedad le ha dado una definición distorsionada, presentándola como un castigo que involucra ira, gritos y actos severos o hasta crueles.

Hoy en día muchos padres han comprado esta definición cultural de la disciplina. Como asocian la palabra a una forma negativa de instrucción, prefieren tolerar la conducta de sus hijos en vez de corregirla. Aquellos que sí tratan de disciplinar suelen establecer estándares que no lidian con el corazón de los hijos. Tratan de *controlar* a sus hijos, enfocándose solo en la conducta externa. Creen que si logran que sus hijos se comporten correctamente, entonces están criando correctamente.

Recientemente escuché a uno de los psicólogos más reconocidos en la actualidad presentar sus métodos de crianza. Un anuncio televisivo respaldaba sus ideas con un par de testimonios de padres que expresaban lo rápido que estos métodos habían cambiado la conducta de sus hijos. Queridos padres, no necesitamos métodos innovadores. Necesitamos los métodos de Dios. Aunque algunas ideas modernas suenan bien y puede que hasta produzcan ciertos resultados externos, nuestra meta no es el cambio conductual, sino la transformación espiritual. Queremos llegar al corazón de nuestros hijos.

UNA VISIÓN BÍBLICA DE LA DISCIPLINA

La sociedad relaciona la disciplina con el uso descontrolado del castigo físico, pero la disciplina bíblica involucra el amor, el corazón y la Palabra de Dios. Puesto que Dios está interesado en los asuntos del corazón, la disciplina bíblica involucra mucho más que la conducta externa. La disciplina bíblica va al corazón del problema. Y si logras llegar al corazón, la conducta cambiará. Para poder llegar a los corazones de nuestros hijos debemos darnos cuenta de que la crianza es mucho más que lograr que nuestros hijos se *comporten* bien. Tenemos que lograr que ellos *piensen* bien y sean motivados por el amor a Dios, no por el miedo al castigo. Esto se logra instruyéndolos en justicia. La instrucción en justicia solo puede salir de la Palabra de Dios.

En Efesios 6:4 se nos dice que debemos "[criarlos] según la disciplina e instrucción del Señor". Encuentro que esa segunda parte es mucho más difícil que la primera.

Se nos hace fácil decir a nuestros hijos lo que han hecho mal y castigarlos por eso, pero requiere de mucha más preparación, disciplina, comprensión, y dominio propio de nuestra parte para realmente *instruirlos* conforme a la Palabra de Dios. *Pensar* y *verbalizar* esa fiel instrucción requiere de mucha actividad cerebral. ¡Y esto viene de una mamá que ahora mismo tiene una actividad cerebral excepcionalmente baja después de un día intenso con los niños!

Cuando desobedecen, pensamos que basta con decir: "Eso estuvo mal, no debiste haberlo hecho... (*pau*, *pau*, *pau*) Ahora ¡vete a tu cuarto!". Al hacer esto, solo hemos hecho la mitad de lo que Dios nos ha llamado a hacer. Ciertamente Dios nos ha llamado a usar la vara para sacar la necedad del corazón de nuestros hijos. Se nos dice en Proverbios 22:15: "La necedad es parte del corazón juvenil, pero la vara de la disciplina la corrige". Pero igual de importante es nuestro llamado a "instruirles". Las Escrituras que hablan sobre la disciplina nos muestran claramente que Dios quería que estas cosas fueran de la mano. Lo vemos en Efesios 6:4: "... críenlos según la disciplina *e instrucción* del Señor" (énfasis añadido), y en Proverbios 29:15: "La vara *y la corrección* imparten sabiduría, pero el hijo consentido avergüenza a su madre" (RVC, énfasis añadido).

La Biblia nos prepara para poder instruir fielmente y corregir bíblicamente a nuestros hijos. También nos da ejemplos de padres que instruyeron correctamente a sus hijos y de los frutos que cosecharon como resultado. Un ejemplo de eso es la mamá Proverbios 31.

LA MAMÁ PROVERBIOS 31

Todas deseamos ser las mujeres que Dios nos ha llamado a ser, y no hay mejor modelo que la mujer de Proverbios 31. En el versículo 26 se nos dice que: "Cuando habla, lo hace con sabiduría; cuando instruye, lo hace con amor". ¿De dónde viene esta sabiduría? Hay diversos pasajes en Proverbios que nos dan pistas: "La boca del justo profiere sabiduría" (Pro 10:31). "El temor del Señor es el principio de la sabiduría" (Pro 1:7 NBLH). Si quieres ser una madre que instruye con sabiduría, debes comenzar temiendo al Señor y caminando en justicia delante de Él. (Si quieres saber cómo ser justa, ve al Apéndice A al final del libro.)

Proverbios 31:28 también describe la actitud de los hijos hacia una madre piadosa: "Sus hijos se levantan y la llaman bienaventurada" (NBLH). Este no es el tipo de madre que permite a sus hijos ser irrespetuosos o desobedientes. La madre que vemos en Proverbios enseñó, entrenó, instruyó y guió a sus hijos diligentemente mientras estaban jóvenes y bajo su techo. Ahora, probablemente de adultos, se levantan y la llaman bienaventurada. Pero ¿por qué se levantan y la llaman bienaventurada? Porque ella los preparó para la adultez. Los preparó para que se hicieran responsables de sus acciones. Los preparó para que ordenaran sus vidas en conformidad con la Palabra de Dios. Ellos la bendicen porque han sido bendecidos por ella. Ahora bien, no esperes que tu niño de cinco años se levante y te diga bienaventurada. Probablemente no va a pasar. Pero sé paciente, cosecharás lo que siembres. Cosecharás después de haber sembrado, y cosecharás más de lo que sembraste. La mujer de Proverbios 31 cosechó los beneficios de instruir fielmente por muchos años, sembrando en el corazón de sus hijos. ¡Tú también lo harás! Que esto te anime.

EL CORAZÓN DEL PROBLEMA ES EL PROBLEMA DEL CORAZÓN

El corazón determina el comportamiento. Cuando nuestros hijos se expresan de manera pecaminosa, ya sea siendo egoístas, desobedientes, respondones, necios o agresivos, están demostrando lo que hay en sus corazones. Proverbios 4:23 dice: "Por sobre todas las cosas cuida tu corazón, porque de él mana la vida". El corazón es el pozo de donde salen todas nuestras respuestas a la vida. La conducta es una manifestación de lo que hay en el corazón.

J. C. Ryle dijo: "Una madre no puede saber si su hijo será alto o bajo, débil o fuerte, sabio o necio; puede ser cualquiera de estas cosas, todo es incierto. Pero hay una cosa que una madre sí puede saber con certeza: su hijo tendrá un corazón corrupto y pecaminoso".

Para poder entender la naturaleza pecaminosa, necesitamos entender estas tres verdades:

1. Tu hijo nace siendo pecador.

"... por cuanto todos pecaron y están destituidos de la gloria de Dios" (Ro 3:23 RVC). Tu hijo nació siendo pecador porque ha heredado el pecado de Adán. Esto es llamado el pecado original, y explica por qué no tenemos que enseñar a un bebé a pelear por un juguete. Vienen programados de fábrica.

John MacArthur dice: "Los niños nacen siendo pecadores, y esa pecaminosidad se manifiesta no por lo que los padres hacen, si no por lo que no hacen".

2. El pecado está ligado al corazón de tu hijo.

"La necedad está ligada al corazón del niño, pero la vara de la disciplina lo alejará de ella" (Pro 22:15 NBLH). John Wesley definió "ligado" como "fijo y arraigado, enraizado en su misma naturaleza". Sería antinatural que tu hijo no pecara. Sin embargo, esto no excusa a los padres de la responsabilidad que Dios les ha dado de instruir a los hijos en la disciplina e instrucción del Señor. Las Escrituras enseñan claramente que el pecado tiene consecuencias. También dicen claramente que los padres deben disciplinar a los hijos cuando desobedecen (cuando pecan).

Cuando los padres obedecen el mandamiento de Dios de instruir a sus hijos en justicia a través de la corrección y el uso de la vara, ponen en marcha los medios que Dios usa para expulsar la necedad del corazón de esos hijos. Dios ordena a los padres que confíen en Él y participen activamente en la instrucción de sus hijos.

3. El pecado no es poca cosa.

Seamos honestos: A veces es difícil no reírnos de nuestros hijos cuando pecan de formas tan descaradas. Sin embargo, los cristianos no deben reírse ni tratar a la ligera aquello por lo que Dios envió a Su Hijo a morir. El pecado no es motivo de risa. Puede parecernos gracioso que Susanita esté orgullosa de haber golpeado al compañero que tiene el doble de su tamaño. Tal vez pensamos que es gracioso cuando Alberto se pone las manos en la cintura y con todo su encanto dice: "¡No!", luego de que mamá le dijo que viniera. Pero a Dios no le parece gracioso y, si tenemos la mente de Cristo, a nosotros tampoco debería darnos risa.

Déjame contarte la historia de "Daniel". Cuando mi pequeña Alex tenía tres años, ella sabía que no podía tocar mi bolso de maquillaje. Era la hora de la cena y nuestra familia estaba sentada en la mesa cuando Mickey, nuestro perrito Yorkie, entró a la cocina con pintalabios. Por supuesto que era muy gracioso. Asumiendo lo obvio, todos miramos a Alex, quien estaba canturreando inocentemente como si nada hubiera pasado. Decir que mi hijo Wesley estalló de la risa no le hace justicia a lo que ocurrió. Él perdió la cabeza.

Luego de preguntarle cómo Mickey terminó con la boca roja como una fresa, Alex nos miró y con total seriedad dijo: "Fue Daniel". Mi esposo y yo nos miramos, tratando de analizar esta nueva información. Cuando ya era evidente que ninguno de los dos conocía a alguien llamado Daniel, nos giramos hacia Alex y le preguntamos: "¿Quién es Daniel?". Ella se paró de la mesa y en unos minutos regresó con Daniel, quien resultó ser un muñequito de un super héroe, de esos que vienen con clip para engancharlos a la ropa o a alguna otra cosa.

Quería asegurarme de que no estuviera confundiendo la honestidad con el fingir, así que le pregunté: "Alex, ¿buscaste el pintalabios de mamá y se lo pusiste a Daniel en la cabeza para después ponérselo a Mickey?".

"¡No, señora!", respondió, sorprendida de que yo osara hacer tal sugerencia. "Yo no tomé tu pintalabios porque no se supone que tome tu pintalabios porque eso sería desobedecer. Estaba en mi cuarto y Daniel fue soliiiiiitooo a tu cuarto y se lo puso a Mickey".

Era impresionante ver cómo nos miraba fijamente mientras explicaba con detalle la pecaminosidad de Daniel. Se notaba su enorme esfuerzo por parecer seria y convincente.

Mi esposo ya no podía contener la risa, así que lo amenacé con la mirada. Tratando de esconder su cara, apoyó su cabeza sobre sus brazos cruzados en la mesa, pero igual veíamos cómo subían y bajaban sus hombros mientras trataba de aguantarse. Es MUY DIFÍCIL aguantar la risa cuando uno ve esa carita hermosa y la forma en que se movía su trenza mientras nos aseguraba que "fue Daniel".

Ya estábamos tarde para el partido de fútbol de Wesley. Y a Alex le encanta ver a Wesley jugar. Entonces le dije: "Alex, no fue Daniel. Él no es capaz de caminar hacia mi habitación, tomar el pintalabios y pintar al perro". Le mostré lo que dice Dios en la Biblia sobre la mentira, y le dije que no iría al partido de fútbol. Se quedaría en su cama hasta que estuviera lista para ser honesta. Así que llevamos a Wesley al fútbol mientras Alex lloraba en su cuarto porque se estaba perdiendo el juego. Yo esperaba que ella dijera la verdad lo más rápido posible para poder ir, pero las cosas nunca son tan simples.

Cuando entré a su habitación y le pregunté si estaba lista para ser honesta, ella se puso de pie sobre la cama y me dijo: "Daniel pudo hacerlo solito porque yo le puse baterías".

Recuerda: tenía tres años. La dejé a solas para que pensara un poco más y cuando regresé... estaba dormida. No quería que se durmiera con el peso del pecado en su corazón, así que la moví suavemente y le dije: "Alex, despierta".

No podía creerlo. Me pareció ver una escena de la película *El exorcista*. Desde que me escuchó, se sentó erguida sobre la cama y empezó a gritar: "¡Fue Daniel! ¡Fue Daniel! ¡Fue Daniel!".

Para no hacer la historia más larga, una mentira se convirtió en muchas mentiras. La preparé para dormir, y mientras le cepillaba los dientes ella empezó a llorar. Pude ver que eran lágrimas de arrepentimiento. Le pregunté: "Se siente mal decir mentiras, ¿verdad, Alex?". Ella asintió con su cabecita. "¿Sabes qué, amor? Así de triste se siente Dios cuando mientes". Ella entonces me dijo lo que pasó, y definitivamente se sintió aliviada y agradecida después de haber sido disciplinada físicamente. Su corazón estaba limpio.

Hubiera sido fácil simplemente reírnos y decir: "Solo tiene tres años. ¡Increíble que pueda inventarse cuentos como ese!". Pero Dios toma el pecado en serio, y nosotros también deberíamos hacerlo. Si solo nos hubiéramos reído, se hubiera quedado con esa culpa en su corazón, que a la larga terminaría endureciéndola y cargándola. No recibiría nada a cambio de la libertad que ella sintió al confesar su pecado y ser disciplinada.

LO QUE HAY ADENTRO

La Biblia nos enseña que la conducta no es el problema principal. El problema principal siempre será el corazón: "Porque de adentro, del corazón humano, salen los malos pensamientos, la inmoralidad sexual, los robos, los homicidios, los adulterios, la avaricia, la maldad, el engaño, el libertinaje, la envidia, la calumnia, la arrogancia y la necedad" (Mr 7:21-22). La parte que dice "de adentro" nos muestra que las conductas externas no son más que manifestaciones del problema real, que yace en el corazón. La Biblia usa el corazón para hablar del yo interior.

Lucas 6:45 dice: "El que es bueno, de la bondad que atesora en el corazón produce el bien; pero el que es malo, de su maldad produce el mal, porque de lo que abunda en el corazón habla la boca". El corazón es el centro de operaciones de la vida. Las conductas no son más que alertas sobre la necesidad que tiene tu hijo de ser corregido. Pero no cometas el error de tantos padres al enfocarte en cambiar el comportamiento y no el corazón. Si logras llegar al corazón, el comportamiento cambiará. Recuerda que es posible reemplazar conductas irritables por conductas aceptables sin que el corazón haya cambiado.

Enseñar a nuestros hijos que solo deben cambiar la conducta externa es tan admirable como enseñar a una foca a saltar a través de un aro. Como dice Tedd Tripp:

> Un cambio en la conducta que no nace de un cambio en el corazón no es admirable: es condenable. ¿Acaso no se trata de la misma hipocresía por la que Jesús condenó a los fariseos? En Mateo 15 Jesús denuncia a los fariseos que le honraban con sus labios mientras sus corazones estaban lejos de

> Él. Jesús los criticaba diciendo que limpiaban lo de afuera del vaso mientras lo de adentro seguía inmundo.[1]

Si nos enfocamos en la conducta externa de nuestros hijos y descuidamos lo que ocurre en su interior, convertiremos a nuestros hijos en manipuladores. Aprenderán a agradarnos saltando a través de los aros que les pongamos delante (comportándose como queramos por miedo al castigo), pero no aprenderán la rectitud de Cristo. De hecho, si solo nos enfocamos en las leyes de la conducta externa y no instruimos sus corazones conforme a la Palabra de Dios, nos arriesgamos a que vean el cristianismo como una serie de reglas pesadas. Como resultado, puede que nunca experimenten lo que significa conocer verdaderamente a Jesús y Su poder para transformar vidas.

La ley de Dios nos demanda que les exijamos un comportamiento correcto, pero eso no es lo único que nos pide. Dios nos dice que debemos instruir a nuestros hijos en justicia. Debemos ayudar a nuestros niños a entender que sus corazones desviados *producen* una conducta inapropiada. Si de verdad queremos ayudar a nuestros hijos, debemos ir de la conducta al corazón. Nuestra meta debe ser tratar con las actitudes del corazón que motiven el comportamiento. Para lograrlo tenemos que enseñarles no solo cuál fue la actitud de Cristo, sino también cómo ellos pueden tener esa misma actitud en las diferentes situaciones de sus vidas.

3

SACANDO A LA LUZ LOS PROBLEMAS DEL CORAZÓN

Es común pensar que un buen comunicador es aquel que puede expresar claramente sus pensamientos y sentimientos a otra persona. Pensamos que si le hablamos a nuestros hijos acerca de la rectitud de los caminos de Dios, les estamos enseñando y alcanzándoles a través de la comunicación. Sin embargo, la comunicación que es verdaderamente beneficiosa se basa no solo en la capacidad de hablar, sino también de escuchar. En vez de hablar *a* tu hijo, debes hablar *con* tu hijo. Si aprendes a comunicarte efectivamente podrás ministrar mejor a las necesidades de tu familia.

Tenemos que tratar de entender lo que hay en los corazones de nuestros hijos, a la vez que les mostramos cómo entender y evaluar sus propios corazones. Proverbios 18:2 habla de aquellos que *solo hablan* y *no escuchan*. Dice: "Al necio no le complace el discernimiento; tan solo hace alarde de su propia opinión". Proverbios 18:13 nos recuerda: "Es necio y vergonzoso responder antes de escuchar". Estos versículos nos ayudan a entender que la comunicación es más que simplemente expresar bien tus propios pensamientos.

La comunicación más productiva se logra cuando aprendemos a sacar los pensamientos de los demás. Cuando ayudas a tu hijo a entender lo que está en su corazón, le estás enseñando a evaluar sus propias motivaciones, y eso lo equipa para su propio caminar con Cristo. Como vimos con Proverbios 31, ese hijo después se levantará y llamará a su madre bienaventurada.

Por ejemplo, veamos un problema común para todo el que tiene más de un hijo. Mario y Miguel están jugando cuando de pronto empieza una pelea por algún juguete. El padre llega y hace la típica pregunta: "¿Quién lo tenía primero?". Luego de una gran discusión, con la mamá haciendo de detective, Mario y Miguel por fin se ponen de acuerdo en que, efectivamente, Miguel lo tenía primero. Así que la mamá le pide a Mario que se lo devuelva a Miguel.

Tedd Trip explica el problema con esta forma de responder:

> Esta respuesta pasa por alto los asuntos del corazón. "¿Quién lo tenía primero?" se enfoca en la justicia. La justicia opera a favor del niño que logró tener el juguete primero. Ahora, si vemos esta situación desde la perspectiva del corazón, el enfoque cambia.
>
> Ambos niños están mostrando una dureza de corazón. Ambos están siendo egoístas. Ambos niños están diciendo: "No me importa tu felicidad. Solo me importa *mi* felicidad. *Yo* quiero este juguete. Me quedaré con él y seré feliz sin importarme lo que eso signifique para ti". Desde la perspectiva del corazón, tienes a dos hijos en pecado. Dos niños que se están poniendo a sí mismos por encima de los demás. Dos hijos que están quebrantando la ley de Dios.[1]

Todo comportamiento está vinculado a una actitud específica del corazón. En este caso esa conducta externa es producida por el egoísmo que está ligado a sus corazones.

¿Nos da la Biblia instrucciones específicas a los padres para este tipo de caso? No. Nunca he dicho que tengo un plano bíblico que me dice cómo resolver cada problema. Ya quisiera. Pero Dios nos ha dado Su Palabra y Él espera que la usemos para instruir a nuestros hijos. Así que, en situaciones como estas, debemos orar y aplicar la Palabra de Dios como mejor podamos. Mi meta es usar la Escritura para enseñar, redargüir, corregir e instruir en justicia. 2 Pedro 1:3 nos dice: "Su divino poder... nos ha concedido todas las cosas que necesitamos para vivir como Dios manda". Cuando la Biblia no trata directamente con algún asunto, Él nos ha dado una línea de comunicación abierta a través de la oración. Así nos dice en Santiago 1:5: "Si a alguno de ustedes le falta sabiduría, pídasela a Dios, y Él se la dará, pues Dios da a todos generosamente sin menospreciar a nadie".

En situaciones donde mis hijos no han querido compartir, he orado y escudriñado las Escrituras para ver cómo manejar este tipo de conflicto. Puedo decirte cómo lo manejamos en nuestra casa, pero no puedo decirte que esta es la única forma ni que es la mejor. En el caso específico de nuestra familia, lo más práctico para nosotros ha sido tratar con el asunto del corazón, simplificar nuestro método y promover la paz. Necesitábamos un plan de acción que ellos pudieran entender y poner en práctica sin nuestra ayuda. Así que se nos ocurrió la regla de que no solo es egoísta sino también maleducado quitarle o pedirle algo a alguien antes de que esa persona haya terminado de usarlo.

Así funciona esta regla en nuestro hogar. Imagina que Wesley está jugando con un juguete. Cuando Alex era más joven, si ella lo quería, simplemente trataba de quitárselo. Ahora que está mayor, ella le pregunta amablemente: "Wesley, ¿me prestas ese juguete?". Si ella intenta quitárselo, usualmente le respondo con algo como esto:

"Amor, ya Wesley tiene el juguete. ¿Crees que le gusta jugar con él?". "Sí, mamá". "¿Crees que se pondría feliz o triste si se lo quitas?". "Triste". "¿Y te gustaría que tu hermano esté triste?". "No, mamá". "¿Crees que sería amable o maleducado tratar de quitarle algo que él está disfrutando?". "Maleducado".

"Así es, Alex, y *el amor no es maleducado*. Cuando Wesley termine y lo deje de usar, entonces puedes pedírselo".

No solo estamos instruyendo sus corazones, sino que también los estamos preparando para la adultez. Esta es la misma conducta que yo esperaría de amigos o hermanos adultos. Míralo de esta forma: Si estuviera sentada frente a ti y alguien me diera unas fotos para que yo las viera, y tú también quisieras verlas, ¿esperarías hasta que yo termine para verlas o me las arrebatarías de la mano justo cuando yo empezara a disfrutarlas? Probablemente estés de acuerdo en que es una falta de delicadeza pedirme las fotos antes de que yo termine. 1 Corintios 13:5 nos dice: "[El amor] no se comporta con rudeza". Estas situaciones me han dado muchas oportunidades para enseñarles a "despojarse" del egoísmo y la rudeza y a "vestirse" con una actitud de amor y amabilidad. Todos estos son asuntos del corazón de los que la Biblia *sí* habla.

Tal vez estés pensando: "Pero ¿qué de tu otro hijo? Él también está siendo egoísta". Cuando se trata de situaciones que tienen que ver con compartir, nos parece que tener una regla sencilla y entendible promueve la paz. Y por amor a mi salud mental, mi meta es promover la paz. Tratamos de enfocarnos en esta regla y de lidiar con un niño a la vez. Créeme, en poco tiempo ese mismo pecado saldrá del *otro* niño, dándonos la oportunidad de trabajar con el egoísmo o el irrespeto que esté ligado a *su* corazón.

Tu primer objetivo al corregir no es decirle a tu hijo cómo te sientes por lo que ha dicho o hecho, sino determinar la causa de esa conducta. ¿Puedes ver cómo lo hice en el caso de los juguetes? En vez de preguntar: "¿Quién lo tenía primero?", traté de sacar a la luz las actitudes de su corazón haciéndole preguntas. Ya que las Escrituras enseñan que de la abundancia del corazón habla la boca, debes ayudarles a entender qué está sucediendo en su interior.

Para poder entender el problema que hay en el corazón de tu hijo, tienes que ver el mundo a través de sus ojos. Por eso es necesaria la comunicación. Al mirar los aspectos internos y no solo la conducta externa, podrás determinar las enseñanzas bíblicas que son pertinentes para cada conversación.

DESARROLLA HABILIDADES PARA EXAMINAR EL CORAZÓN

Para poder ayudar a tus hijos a entender lo que hay en su interior, tienes que desarrollar habilidades para examinar sus corazones.

Debes aprender a ayudar a tus hijos a expresar lo que están pensando.

Debes aprender a ayudar a tus hijos a expresar lo que están sintiendo.

Debes aprender a discernir los asuntos del corazón que hay detrás de sus palabras y acciones.

Sacar a la luz lo que hay en el corazón no es una tarea fácil, y es algo que requiere de mucha práctica. Proverbios 20:5 nos dice: "Como aguas profundas es el consejo en el corazón del hombre, y el hombre de entendimiento lo sacará" (NBLH).

Nuestra meta al examinar el corazón de nuestro hijo es hacerle entender que es un pecador, ayudarle a reconocer su necesidad de Cristo y enseñarle a actuar y pensar como lo haría un cristiano. No es tan difícil instruir a nuestros hijos para que *actúen* como cristianos, pero cuando los instruimos para que *piensen* como cristianos hemos logrado algo especial. Pensar como un cristiano les ayudará a crecer en sabiduría y a controlar su conducta de una manera que glorifique a Dios. Los animamos a crecer en sabiduría cuando les mostramos la perspectiva de Dios en cada situación. Los niños no pueden hacer nada de esto sin la ayuda de sus padres.

¿Cómo desarrollamos habilidades para examinar el corazón? Siguiendo el ejemplo del Rey de los corazones. Jesucristo es el verdadero experto en esto. En las Escrituras tenemos un montón de ejemplos de cómo llegar al corazón del asunto. Él lograba ir más allá de la conducta para sacar lo que hubiera en el corazón. ¿Cómo lo hacía? En vez de simplemente decirle a alguien qué hacer, Jesús frecuentemente hacía preguntas que llevaban a la gente a pensar. Para poder responder a esas preguntas las personas tenían que evaluarse a sí mismas. Él hacía las preguntas de manera que tuvieran que dejar de enfocarse en las circunstancias y empezar a enfocarse en el pecado que había en sus corazones.

Todos sabemos que si descubrimos algo por nosotros mismos, en vez de que alguien nos lo diga, es más difícil que se nos olvide. Es lo que nos sucede con los problemas matemáticos.

Si alguien nos da la respuesta, nos volvemos dependientes de ellos para resolver los próximos problemas. Pero si se nos motiva a resolver el problema por nosotros mismos, estamos mejor preparados para resolver otros problemas; usamos ese conocimiento que hemos adquirido y lo aplicamos a otras situaciones.

De manera similar, cuando tu niño aprende a reconocer lo que está en su propio corazón, aumenta la probabilidad de que empiece a responder adecuadamente sin que se le pida. Al hacer esto, está creciendo en sabiduría. Pero si simplemente le dices cuál es su problema y cómo resolverlo, estás impidiendo que aprenda a pensar como un cristiano, por lo que no será capaz de discernir correctamente los asuntos de su propio corazón.

ENTRENÁNDOLOS A PENSAR COMO CRISTIANOS

Al seguir el ejemplo de Jesús, podemos llevar a nuestros hijos a pensar como cristianos haciéndoles preguntas que les ayuden a ver cada situación desde la perspectiva de Dios. El siguiente ejemplo muestra cómo podemos sondear sus corazones y ayudarles a pensar como cristianos.

Hace unos meses estaba visitando a mi amiga Lisa. Sus hijos, Josué y Lidia, estaban almorzando con mis hijos en el comedor. Lisa y yo estábamos comiendo en la cocina, así que no podíamos verlos. Y justo cuando empezábamos a presumir de lo bien que se estaban llevando nuestros hijos, nos interrumpió un grito de esos que te dejan helada. Era Lidia. Cuando llegamos a la escena del crimen, Lidia estaba llorando porque Josué, su hermano, la había golpeado. La conversación fue más o menos así:

Mamá: "¿Por qué golpeaste a tu hermana?".

Josué: "No sé".

Mamá (frustrada): "¿Cómo que no sabes?".

La conversación siguió dando vueltas y más vueltas. Este cuadro es típico. El problema con este tipo de cuestionamiento es que si la única pregunta que hacemos es: "¿Por qué hiciste eso?", no estamos entrenándolos.

¿Cuál es el problema con la respuesta de Josué? ¿Será que Josué no quiere responder por su terquedad, y por eso solo dice: "No sé"? Es muy probable que Josué no esté desobedeciendo abiertamente al no explicar sus acciones. Más bien, se le está pidiendo que responda a preguntas que no es capaz de responder. Debido a su edad y a su inexperiencia discerniendo su corazón, él no entiende exactamente por qué golpeó a su hermana. Él sabe que hizo lo malo porque mamá le ha dicho que es malo y porque Dios le dio una conciencia, pero él no entiende realmente por qué actuó en contra de su conciencia y agredió a su amada hermanita.

La tragedia en estas situaciones es que la mamá no entiende que debe ayudar a su hijo a entender su propio corazón. Así que el niño es castigado no solo por el golpe, sino por no explicar verbalmente por qué hizo lo que hizo. La instrucción del corazón queda fuera.

Por sí mismos, los *por qué* casi nunca funcionan con los niños. Ni con los adultos. Mi esposo pudiera preguntarme por qué hice algo y yo pudiera responderle diciendo: "No sé". Uno puede preguntar a su hijo por qué hizo algo, y de vez en cuando nos dará una buena respuesta. Pero si le preguntas por qué hizo algo y solo te responde: "No sé", no lo dejes ahí. Ayúdale a examinar su corazón y a encontrar la respuesta.

En este momento, Lisa y yo empezamos a pensar y a hacer preguntas más productivas. Aquí están algunas preguntas para ese tipo de situaciones:

"¿Qué estabas sintiendo cuando golpeaste a tu hermana?". Con mucha frecuencia, la emoción es enojo.

"¿Qué hizo tu hermana para hacerte enojar?". Luego de escucharlo nos dimos cuenta de que Josué estaba haciendo un chiste en la mesa, y en vez de escuchar respetuosamente y dejar que Josué disfrutara de contarlo, Lidia lo interrumpía regularmente para contarlo ella. Así que en respuesta a su mala actitud, Josué se molestó y la golpeó.

"Cuando golpeaste a tu hermana, ¿las cosas mejoraron o empeoraron?". Esta pregunta le ayudó a reconocer que él seguía molesto, y que Lidia estaba llorando del dolor.

"¿Qué tenía de malo lo que hacía Lidia?". Aunque Josué no debió golpearla, no queríamos negar el hecho de que ella había pecado contra él. Le pedimos que nos dijera qué Lidia había hecho mal y por qué estaba mal. Queríamos enseñarle a identificar las acciones de Lidia (y su propia tentación) de una manera bíblica. Hay muchos versículos que se pueden aplicar a lo que Lidia estaba haciendo. Uno pudiera ser Proverbios 6:19, que nos dice que una de las siete cosas que Dios aborrece es aquel que "siembra discordia entre hermanos". Esto es justamente lo que ella estaba haciendo. Mientras más él se molestaba, más ella se deleitaba en interrumpirlo.

Era tiempo de detenernos y preguntarle a Lidia: "Cariño, ¿estabas promoviendo la paz al interrumpir a tu hermano, o estabas causando problemas?". Enfocamos su atención en lo que Dios dice acerca de causar problemas. Les estábamos ayudando a ver la situación desde la perspectiva de Dios.

"Sí, Josué, Lidia estaba pecando contra ti, pero ¿de qué otras formas *pudiste* haber respondido?". Cada respuesta de Josué le ayudaba a entender mejor su propio corazón y su necesidad de la gracia y el perdón de Jesús. Y cada respuesta nos daba la oportunidad de usar la Palabra de Dios para instruirle en su lucha. A fin de cuentas, Josué se había enojado y le había pagado a su hermana mal por mal.

Aunque muchos de estos ejemplos tienen que ver con niños pequeños, los mismos principios bíblicos se aplican a niños mayores. La Palabra de Dios es eficaz y útil para todas las edades. La Palabra de Dios nunca cambia. Lo que cambia es la manera en que se manifiesta el pecado en la medida en que los niños crecen. Es posible que el egoísmo, la ingratitud, la desobediencia y otros pecados se manifiesten de forma diferente en niños mayores, pero la Palabra de Dios es siempre la misma. Por tanto, siempre debemos usar la Palabra de Dios para instruirlos en los caminos del Señor.

En todo conflicto, lo primero es tratar de entender la naturaleza del conflicto interno que se expresó en la conducta externa. Hay tres aspectos en los cuales tenemos que guiarles para poder examinar sus corazones, enseñarles a pensar como cristianos y ayudarles a discernir lo que hay en sus corazones.

¿Cuál fue la naturaleza de la tentación? ¿Enojo, idolatría, envidia? ¿Egoísmo o pleitos?

¿Cómo respondió a la tentación? ¿Respondió a la tentación de una manera que agrade a Dios? ¿Qué estuvo mal en su respuesta?

¿Qué otra respuesta hubiera sido mejor?

4

INSTRUYENDO A TUS HIJOS EN RECTITUD

Es importante corregir a nuestros hijos cuando hacen lo malo, pero es igualmente importante, si no más, mostrarles lo correcto —tanto a quitarse lo malo como a ponerse lo bueno. Efesios 4:22-24 dice: "Con respecto a la vida que antes llevaban, se les enseñó que debían quitarse el ropaje de la vieja naturaleza, la cual está corrompida por los deseos engañosos; ser renovados en la actitud de su mente; y ponerse el ropaje de la nueva naturaleza, creada a imagen de Dios, en verdadera justicia y santidad". Básicamente, tenemos que dejar de ir tras los deseos pecaminosos (las pasiones del viejo hombre) e ir tras los deseos santos (las pasiones del nuevo hombre). Cuando aceptamos a Cristo como Señor y Salvador, somos hechos nuevos en Él. Debemos quitarnos el ropaje de nuestro viejo hombre, nuestra vida antes de aceptar a Jesús, y ponernos el ropaje de nuestro nuevo hombre, nuestra nueva vida como hijos de Dios. (Ver el Apéndice A.)

¿Cómo hacemos esto con los niños? Primero, trabajamos lo que debería haber sido la respuesta bíblica. Segundo, le pedimos al niño que practique esa respuesta. Esto es demasiado vital. 1 Corintios 10:13 dice: "Dios es fiel, y no permitirá que ustedes sean tentados más allá de lo que puedan aguantar. Más bien, cuando llegue la tentación, Él les dará también una salida a fin de que puedan resistir". Cuando corregimos a nuestros hijos por mala conducta pero no les enseñamos una conducta piadosa, terminamos exasperándolos porque no les damos una vía de escape. Este tipo de negligencia va a provocarles a ira. Nunca habrá una situación donde esto no aplique. Como regla, cada vez que corrijas a tu hijo por mala conducta, muéstrale la conducta correcta y pídele que la practique. Es así como instruimos a nuestros hijos en la rectitud de Cristo. Eso es lo que la Biblia quiere decir cuando habla de "instruir en justicia" (2Ti 3:16).

Volvamos al ejemplo del hermano que agredió a su hermana. Josué golpeó a Lidia porque ella hizo que él se enojara. Pero la Escritura dice que "la ira humana no produce la vida justa que Dios quiere" (Stg 1:20). En su pecado, Josué descargó su ira sobre Lidia y luego le dijo a su mamá lo que Lidia estaba haciendo. Josué debió seguir la vía de escape de Mateo 18. En Mateo 18, la Palabra nos da instrucciones para lidiar con conflictos como este. Mateo 18:15: "Si tu hermano peca contra ti, ve a solas con él y hazle ver su falta". Aquí vemos que andar chismeando está mal. A Josué había que enseñarle que primero debía tratar de resolver el asunto con Lidia y en privado. Josué pudo haber promovido la paz diciéndole a Lidia con calma y amabilidad que ella estaba ofendiéndolo al interrumpir su chiste. Esto le da al ofensor la oportunidad de arrepentirse antes de ser traído ante el juez (Mamá).

Si el ofensor se arrepiente, entonces Efesios 4:32 nos dice que el niño ofendido debe perdonarlo. Si todo funciona bien, entonces Mamá no tiene ni que enterarse. Tu meta es que ellos crezcan en su habilidad para resolver conflictos por sí mismos y de una forma bíblica. Es así como ellos aprenden a gobernar sus conductas.

Pero ¿y si el ofensor no se arrepiente? En ese caso, ¡el niño ofendido debe darle una paliza! Tranquila, estoy bromeando. El próximo versículo, Mateo 18:16, dice: "Pero si no, lleva contigo a uno o dos más, para que todo asunto se resuelva mediante el testimonio de dos o tres testigos". Si otros están presentes, el niño ofendido puede apelar a ellos para confirmar la ofensa. Sin embargo, en la mayoría de los casos con niños, la única opción es pasar directo a Mateo 18:17[a]: "Si se niega a hacerles caso a ellos, díselo a la iglesia", que es la autoridad en ese contexto. Aplicándolo al hogar, la autoridad serían los padres. Así que si Lidia rechazaba la amonestación de su hermano, en vez de él golpearla (devolviendo mal por mal), Josué pudo haber tomado la vía de escape y traído la situación ante su mamá.

Después Mamá dijo: "Josué, si hubieras respondido a las tácticas pecaminosas de tu hermana de una manera bíblica, no te tocaría esta disciplina. Lidia sería la única que estaría en problemas". Sin embargo, como Josué no tomó la vía de escape, sufrió las consecuencias.

ENTENDIENDO LOS ASUNTOS DEL CORAZÓN

Permíteme darte un ejemplo más que muestra lo importante que es instruir a los hijos en justicia y cómo puedes ayudarles en ese proceso. Hace unos años, Wesley tuvo una etapa en la que molestaba a su hermana intencionalmente. Él se arrodillaba como un león y gateaba detrás de ella rugiendo, gruñendo y babeando. (Ni idea de por qué a ella no le gustaba, pero así era.) También se inventaba otros "juegos" que a ella tampoco le gustaban. Yo parecía un disco rayado. "¡Wesley, deja eso!".

"¡Wesley, para!". "¡Wesley, a Alex no le gusta!". Él paraba, pero entonces pasaba a hacer otra cosa igualmente irritante. Su respuesta verbal era siempre la misma: "Sí, Mamá. Pero solo estaba jugando con ella". Era un ciclo interminable, todos los días. "¡Wesley, deja eso!". "Sí, Mamá. Pero solo estaba jugando con ella". "¡Wesley, para!". "Sí, Mamá. Pero solo estaba jugando con ella". "¡Wesley, a Alex no le gusta!". "Sí, Mamá. Pero solo estaba jugando con ella".

El problema estaba en que ninguno de los dos lo veía como un asunto del corazón. Y la razón por la que el problema continuaba todo el día y se manifestaba de diversas formas era porque solo nos estábamos enfocando en la conducta externa. Él obedecía y dejaba de hacer lo que estuviera haciendo, pero entonces pasaba a otra conducta similar. Yo podía ver el denominador común de cada conducta, pero él no tenía la capacidad de discernir lo que había en su corazón, así que no entendía cuál era el problema. No lo había ayudado a examinar su corazón. No lo había ayudado a identificar el pecado que lo estaba llevando a molestar constantemente a su hermana, y me frustré de tanto repetirle la misma "respuesta" (¡deja de molestarla!). Pero ese era el problema: le respondía lo mismo una y otra vez sin explicarle por qué esa era la respuesta. Si él hubiera entendido su pecado y se hubiera arrepentido, podría haber controlado su conducta en vez de yo tener que decirle cada vez que parara.

Finalmente me di cuenta de que tenía que trabajar al revés, de la conducta al corazón. Cada vez que comenzaba a molestarla, le hacía unas cuantas preguntas sencillas.

Mamá: "Wesley, juzgando por tu risa, parece que la estás pasando bien gruñendo y persiguiendo a tu hermana. ¿Te estás divirtiendo tanto como pareciera?".

Wesley: (con cara de curiosidad) "Sí, mamá".

Mamá: "¿Y crees que Alex se está divirtiendo tanto como tú?".

Wesley: (encogiéndose un poco) "Bueno... no, mamá".

Mamá: "Dime, ¿qué está haciendo Alex?".

Wesley: (pausando por un momento y mirando hacia abajo) "Está gritando y llorando".

Mamá: "Cariño, ¿te sientes bien con que Alex se sienta mal? Porque el amor no se deleita en la maldad (1Co 13:6)".

Wesley: (con cara de tristeza después de haber entendido) "Alex, ¿me perdonas por hacerte llorar?".

No voy a decirte que nunca volvió a pasar, pero hubo un crecimiento tremendo. Cuando volvió a pasar, pude guiarlo a examinar su propio corazón. Y muchas de las veces en que empezaba a molestarla, tan pronto se daba cuenta de que ella no estaba feliz le pedía perdón y dejaba la conducta inapropiada. Él pudo aplicar lo que había entendido sobre su corazón. Es un proceso, pero he visto los frutos en su conducta.

Después de haberlo ayudado a examinar su corazón, mi próxima meta era enseñarle a ambos cómo manejar bíblicamente sus conflictos sin ser chismosos. Esto lo logré a través del juego de roles.

LA IMPORTANCIA DEL JUEGO DE ROLES

El juego de roles es una herramienta extremadamente efectiva que les permite poner en práctica lo que han aprendido. Aplicar ese conocimiento en una situación práctica les permite retenerlo con mayor facilidad. Es similar a lo que sucede en el ámbito laboral. Es muy valioso aprender toda la teoría, pero hay muchas cosas que no podrás aprender a aplicar hasta que las tengas que usar en tu lugar de trabajo.

Permíteme demostrar cómo usé el juego de roles en el ejemplo que estamos viendo. Aunque Alex inició como la víctima en esta situación, ella terminó pecando por la forma en que respondió. Mientras el león feroz la perseguía por el pasillo, ella lloraba y llevaba al león hacia los pies de mamá. Gritaba como si yo hubiera estado en el otro extremo de la casa y no justo frente a ella. "¡Wesley se está portando mal conmiiiiigooooo!". Ella se había convertido en lo que la Biblia llama un chismoso, y daba la impresión de que ella quería ver a su hermano metido en problemas.

Aquí tienes otra oportunidad para enseñarles cómo aplicar Mateo 18. Simplemente usé preguntas para examinar su corazón. "Alex, cariño, ¿le has pedido a tu hermano en privado que deje de perseguirte?". Con cara de pena y labio tembloroso me respondió: "No, mamá". "¿Te alegraría ver a tu hermano metido en problemas?". Ella se me quedó mirando como si lo estuviera pensando y a punto de decirme que sí. Le recordé lo que dice Dios: "El que se regocija de la desgracia no quedará sin castigo" (Pro 17:5 NBLH).

Mi próximo paso fue mostrarles cómo remplazar la mala conducta con una buena conducta a través del juego de roles. En lugar de limitarme a decirle lo que debió haber hecho, fui un paso más allá y le hice poner en práctica lo que habíamos hablado. Hice que los dos regresaran donde el león había iniciado su ataque. Y puse palabras en la boca de Alex. Le dije: "Alex, dile a Wesley: 'Por favor, no me persigas ni me gruñas'. Ahora Wesley, responde: 'Está bien, Alex'". ¡Eso es todo! ¡Así de simple!

Al pedirles que volvieran y lo hicieran de la manera correcta, estaba instruyéndoles en justicia y no simplemente corrigiéndoles por haber hecho lo malo. Les estoy dando vías de escape. Les estoy enseñando a "quitarse" la corrupción y los deseos engañosos y a "ponerse" la rectitud y santidad de Dios.

Amada mamá, te animo a que saques a la luz lo que hay en el corazón de tu hijo, a que le muestres cómo reemplazar lo que está mal por lo que está bien y luego le ayudes a ponerlo en práctica. Así es como se instruye en justicia. Recuerda que esto es un proceso. Hay semanas en que los míos responden maravillosamente a la instrucción y luego, de la nada, actúan como si nunca hubieran sido instruidos, ¡usualmente cuando estamos en público! En esos días en que nos parece que nuestros hijos no avanzan y empezamos a cansarnos de instruir una y otra vez, recordemos Gálatas 6:9: "No nos cansemos de hacer el bien, porque a su debido tiempo cosecharemos si no nos damos por vencidos".

PARTE DOS

COMO CORREGIR BÍBLICAMENTE

5

DOMANDO LA LENGUA

La lengua... Dios tiene mucho que decir acerca de esta pequeña parte del cuerpo. Puede que sea pequeña, pero es extremadamente poderosa. En el libro de Santiago se le compara con un fuego. De la misma manera en que una pequeña chispa es capaz de encender y destruir todo un bosque, así los dardos que salen de nuestra lengua pueden destruir a quienes más amamos. Sin embargo, una lengua usada de manera apropiada puede sanar, animar y cuidar a aquellos que amamos.

El uso sabio de la lengua es un elemento clave en la crianza. Dios ha dado a los padres dos métodos principales para instruir a sus hijos en sabiduría: la vara (de la cual hablaremos en la parte tres) y la corrección.

Corregir es expresar verbalmente que la otra persona ha violado la Palabra de Dios. Proverbios 29:15 nos dice: "La *vara y la corrección* imparten sabiduría, pero el hijo consentido avergüenza a su madre" (RVC, énfasis añadido). Dios nos ha dado un enfoque balanceado para la instrucción de nuestros hijos. La corrección implica un uso apropiado de la lengua. Encontramos este mismo balance en Efesios 6:4: "Y ustedes, padres, no hagan enojar a sus hijos, sino críenlos según la *disciplina e instrucción* del Señor" (énfasis añadido). La disciplina e instrucción que se mencionan en este versículo se conectan con el pasaje de Proverbios que enseña a los padres a disciplinar con la vara y la corrección. El versículo de Efesios también nos advierte que si no procuramos ese balance bíblico, haremos que nuestros hijos se enojen.

Alguien me dijo una vez: "Puedes darle nalgadas a tu hijo hasta que deje de ser necio, pero eso no lo hará sabio". El diseño de Dios para la disciplina logra ambas cosas. Saca la necedad y la reemplaza con sabiduría. Por tanto, uno nunca debe usar la vara sin la corrección. Disciplinar sin usar ambos es un fracaso seguro. El propósito mismo de la disciplina es enseñarles la Palabra de Dios, la manera en que la han violado y cómo cambiar. Castigar por lo malo sin enseñar lo bueno los exaspera, les hace temer y enojarse, y no producirá cambios en su interior. Esto puede ser ilustrado con el entrenamiento de un cachorro.

Se te ocurrió que quieres un cachorro, así que vas y te compras uno muy lindo de apenas seis semanas. Es tan pequeñito y tierno que tu corazón estalla de amor solo de pensar en todo lo que harás con él. Será el cachorro perfecto porque estará rodeado de amor por todos lados.

Él llega a tu casa y los primeros días no puedes ni soltarlo: estás todo el tiempo con él. Pero con el pasar del tiempo te acostumbras y por fin lo sueltas. El cachorrito se orina en el piso, defeca en la alfombra, muerde el sofá, ladra toda la noche y le hace hoyos a tus calcetines. En vez de ese sentimiento de amor que te sobrecogió cuando lo viste por primera vez, ahora sientes enojo y frustración. Decides que es tiempo de iniciar el proceso de enseñarle a hacer sus necesidades afuera, así que te mantienes vigilándolo y desde que ves que levanta la pata, le pegas y le dices: "¡No!". Eso es todo lo que haces, le pegas y le dices que no. Lo regañaste y le pegaste por haber hecho lo malo.

¿Qué hará la próxima vez? Se esconderá y hará sus necesidades en privado, para luego andar asustado esperando a que encuentres lo que hizo. Cuando lo encuentras, sacas a tu cachorro de donde estaba, acercas su nariz a sus necesidades y le vuelves a pegar. La próxima vez él está aún más asustado. Busca otro lugar aún más oculto para hacer sus necesidades y luego se esconde debajo de la cama aguardando tu ira. A medida que pasa el tiempo te preguntas qué habrá pasado con esos dulces momentos en que te acurrucabas con tu cachorrito, y por qué ya no quiere estar contigo. Te hace falta ese amor y afecto que antes compartían. Pero las cosas empeoran con el tiempo. Ahora cuando lo encuentras después de él haber hecho otro desastre, ya no está en una esquina asustado sino enseñando los dientes y gruñéndote. Tratas de acercártele ¡y tira a morderte!

Lo mismo sucede con muchos niños cuyos padres los corrigen pero no los instruyen en justicia. Se llenan de ira, resentimiento y rebelión. Es de esperarse que se vuelvan más agresivos y dirijan su ira hacia sus padres.

Para entrenar adecuadamente a un cachorro hay que pegarle cuando hace lo malo, pero hay que sacarlo inmediatamente para mostrarle cómo hacerlo bien, es decir, enseñarle una vía de escape. La disciplina sin instrucción exaspera y lleva a la ira. Cuando combinamos la disciplina y la instrucción estamos entrenando sin exasperar.

Como dije anteriormente, el propósito de disciplinar a nuestros hijos es enseñarles la Palabra de Dios. Es enseñarles cómo cambiar. Para enseñar, corregir e instruir en justicia, debemos usar la Palabra de Dios. La Palabra de Dios entrena el alma desde una perspectiva eterna.

En *Los deberes de los padres*, J.C. Ryle dice: "Siempre instrúyelos con esto en mente: El alma de tu hijo es lo primero que debes considerar. En cada paso que des, en todo plan y arreglo que tenga que ver con ellos, no dejes fuera la gran pregunta: '¿Cómo afectará sus almas?'". Nuestro mayor propósito en todo debe ser apuntarles hacia Cristo.

ENSEÑANDO EN EL CONTEXTO DEL MOMENTO

Los niños aprenden enseñanzas generales de la Palabra de Dios en la iglesia, en la escuela dominical y en otros tipos de estudios bíblicos. Eso es excelente, pero no permitas que ese sea todo su entrenamiento bíblico. Cuando les estés enseñando con el propósito de entrenarles, debes enseñarles lo que la Biblia dice específicamente sobre las luchas, los problemas o las preocupaciones que estén enfrentando. Una enseñanza aplicada al momento y a la situación será realmente beneficiosa para el niño. Los mayores beneficios vienen cuando enseñamos en "el contexto del momento".

El contexto del momento es el tiempo más natural para que tu hijo aprenda y crezca. Muchas veces tratamos de forzar una enseñanza antes de que el niño esté listo para una lección en particular. Los años me han enseñado que debo enseñar a mi hijo según la necesidad que tenga en el momento.

Aprendí esta lección claramente en un domingo de Semana Santa. Mi esposo y yo acostumbrábamos asistir a un drama musical que mostraba la vida de Cristo.

Cada vez que íbamos Dios usaba este evento para avivar mi corazón, para profundizar mi amor por Jesús y para aumentar mi pasión por Su Palabra. Este año en particular iba a ser aún más especial, ya que nuestro hijo de casi ocho años, Wesley, iba a ir con nosotros. Pasé meses orándole a Dios que usara esta presentación para ayudarle a entender quién es Jesús y lo que hizo por nosotros. Oraba para que Dios se revelara a Wesley y así él le entregara su vida a Jesús.

Finalmente llegó el día. Mi hijo y yo estábamos en la segunda fila, justo frente al centro del escenario. Mi corazón latía rápidamente pensando en lo que podía pasar en el corazoncito de Wesley. Durante toda la presentación le oraba a Dios que le diera entendimiento a mi hijo. Pasé más tiempo viendo la cara de Wesley y tratando de leer sus pensamientos que mirando la obra.

Ya se acercaba la escena donde Jesús caminaba sobre las aguas y calmaba la tormenta. Los vientos soplaban con fuerza, el bote se sacudía violentamente y las olas golpeaban la barca con furia. Wesley levantó sus cejas con una expresión de asombro. De repente, se me acercó para hacerme una pregunta y pensé: "¡Sí! ¡Esta será mi oportunidad para explicarle lo asombroso que es el poder de Jesús!". Juntó sus manitas alrededor de mi oído y me susurró: "Mamá, ¿están usando bolsas de basura o una lona gigante para hacer las olas?".

Ahí me di cuenta que me estaba aferrando demasiado a su corazón. Estaba tratando de forzar un momento de enseñanza. Mientras me reía de mis expectativas, empecé a orar de otra manera. Oré para que el Señor me ayudara a estar lista para plantar las semillas, pero también para poder dejar el tiempo y la cosecha en Sus manos.

LOS BENEFICIOS DE ENSEÑAR EN EL CONTEXTO DEL MOMENTO

Hay grandes beneficios para los hijos cuyos padres han aprendido a enseñar en el contexto del momento. Aquí están algunos:

Los hijos aprenden a ser "hacedores" de la Palabra y no tan solo "oidores".

Los hijos obtienen un mejor entendimiento cuando aprenden en medio de una situación práctica.

Los hijos adquieren las habilidades para aplicar la Palabra de Dios en la vida diaria.

Los hijos están mejor equipados para obedecer a Dios.

¿Cómo se enseña aprovechando el contexto del momento? Cuando Pablito está molestando a su hermano, enséñale que una de las siete cosas que Dios aborrece es al "que siembra discordia entre hermanos" (Pro 6:19). Puedes decirle: "Cariño, causar problemas es necedad, pero promover la paz es sabiduría (Stg 3:17). Pablito, ¿quieres ser necio o sabio?".

Cuando Susanita responde con enojo y le grita a su amiga, enséñale desde Proverbios 15:1 que "la respuesta amable calma el enojo, pero la agresiva echa leña al fuego". Puedes decirle: "Amor, ¿pudieras decir eso otra vez usando un tono de voz que sea amable?".

Cuando Luisito quiera meter a su hermano en problemas chismeando, enséñale que "el que se regocija de la desgracia no quedará sin castigo" (Pro 17:5 NBLH). También puedes recordarle que "el amor no se deleita en la maldad" (1Co 13:6). Y es sumamente importante que no solo le muestres lo que estuvo mal en su conducta, sino cómo puede corregirla. Así que para mostrarle qué puede hacer en lugar de chismear, puedes decirle que Hebreos 10:24 enseña que debemos "[considerar] cómo estimularnos unos a otros al amor y a las buenas obras".

Cuando tus hijos se comporten de una forma pecaminosa, usa la Palabra de Dios para instruirles verbalmente en rectitud, y luego refuerza ese entrenamiento poniéndolo en práctica al instante. Así que no solo le digas al niño que está tratando de meter en problemas a su hermano que debe estimular a su hermano al amor y las buenas obras: pídele que lo haga. Dile: "Luisito, en vez de venir y decirme que tu hermano está saltando sobre la cama, ¿qué podrías haber dicho para estimularlo a hacer lo bueno?".

Luisito podría decir: "Pude haberle dicho que no debe saltar en la cama y que no quiero que se meta en problemas". O podría decir: "Pude haberle dicho que Mamá nos dijo que no debemos saltar en la cama porque podemos lastimarnos, así que mejor bájate". Cualquier respuesta parecida a esas estaría bien. Lo más importante es que Luisito vaya y le diga esas palabras a su hermano, aunque tengas que ir con él y pedirle que repitan toda la escena. De esta manera Luisito está practicando lo que aprendió, y esto no solo le dará un mejor entendimiento de cómo funciona, sino que también lo equipará para situaciones similares en el futuro. Esto es enseñar en el contexto del momento. El propósito es enseñarles cómo se aplica la Palabra de Dios en el día a día.

Ten en cuenta que enseñar en el contexto del momento es algo que tendrás que hacer una y otra vez. En otras palabras, no puedes esperar que asimilen automáticamente un principio bíblico solo porque les enseñaste cómo se aplica. Como tantas otras cosas, se requiere práctica. Pudiera parecerte que requiere de mucho tiempo y esfuerzo...¡y es así! Instruir a nuestros hijos es un proceso. Sigue sembrando y recuerda la ley de la cosecha. Cosecharás lo que siembres.

INSTRUYENDO PARA LA PIEDAD[1]

Cuando era niña tenía un par de patines. Cuando me los puse por primera vez e intenté ponerme de pie, me caí. Pero al rato ya podía patinar un poco antes de caerme. Cuando cumplí los 15, luego de años de práctica, patinar se me hacía tan fácil como caminar. No nacemos con la habilidad de patinar, sino que se desarrolla con la disciplina de la práctica, al punto que se vuelve algo natural. Aunque esta es una ilustración física, pasa algo similar con lo espiritual. Cuando hacemos que nuestros hijos apliquen una y otra vez la sabiduría de la Palabra de Dios, se vuelve algo natural para ellos.

Pablo le dijo a Timoteo en 1 Timoteo 4:7 que se disciplinara a sí mismo para la piedad. De hecho, en el versículo 8 Pablo lo compara con el entrenamiento físico. Es interesante que la palabra griega para disciplina es *gumnazo*, de donde viene la palabra gimnasio. *Gumnazo* significa ejercitar o entrenar. La idea es que mientras más entrenemos, estaremos mejor equipados para lograr nuestra tarea. Es como cuando aprendí a patinar. A través del ejercicio y el entrenamiento (*gumnazo*), lo que antes me parecía imposible se convirtió en algo fácil. Eso es exactamente lo que pasa cuando entrenamos a nuestros hijos para la piedad. Lo que antes parecía imposible se convierte en algo natural. Lou Priolo le llama a este método de entrenamiento "el principio *gumnazo*", y ofrece una ilustración excelente de cómo funciona.

Podemos ver una ilustración de este principio en la forma en que un herrero entrena a su aprendiz. En el pasado era común que estos aprendices vivieran con sus maestros, pues se trataba de un entrenamiento muy intenso y exhaustivo que usualmente tomaba varios años. Básicamente era práctica,

práctica y más práctica, hasta que el aprendiz lo hiciera bien. El maestro artesano primero explicaba todo y le mostraba los instrumentos. Luego permitía que el aprendiz observara todo el proceso de fabricación de una herradura, desde que encendía el horno hasta que colocaba el producto terminado en el casco del caballo, explicando detalladamente cada uno de los pasos. Luego de una serie de observaciones, el maestro artesano permitía que el aprendiz ayudara con parte del proceso siguiendo sus instrucciones. En caso de haber algún error, él lo corregía al instante *y le pedía que lo hiciera de nuevo hasta que lo hiciera bien.* Es posible que el maestro estuviera detrás de su aprendiz, sosteniendo sus manos mientras él llevaba el acero al fuego. Cuando el acero tuviera ese tono rojo que esperaban, llevaban el acero al yunque y el maestro demostraba al aprendiz justo dónde debía martillar el hierro y qué tan duro debía golpearlo. Luego él lo volvía a entrar en el fuego, y así sucesivamente hasta que la herradura estuviera completa. Después de repetir varias veces estos ejercicios prácticos, el maestro estaba listo para permitir que el aprendiz hiciera el procedimiento por sí mismo. Estando todavía detrás del estudiante, observaba el trabajo del aprendiz, notando cada detalle de su mano de obra. Si cometía un error, al instante le diría algo como: "No, es de esta manera". *Agarrando una vez más la mano del aprendiz*, le mostraba exactamente *cómo corregir su error.*

Imagínate cómo sería si el maestro artesano simplemente explicara el procedimiento una vez, y que cuando el aprendiz cometiera su primer error, le dijera: "¡Está mal! Hoy no te toca cena. Espero que mañana lo hagas mejor".

Probablemente dirías: "Eso sería cruel, despiadado y una violación de la educación".

Y, sin embargo, así es como muchos padres cristianos "disciplinan" a sus hijos.[2]

Tal vez un niño le habla de forma irrespetuosa a sus padres, a lo que sus padres responden: "¡Eso fue una falta de respeto!". El niño es disciplinado físicamente y luego lo envían a su cuarto. Los padres creen que lo han hecho bien porque identificaron lo que el niño hizo mal, se lo comunicaron y lo disciplinaron por su falta. Según Lou, el principio *gumnazo* enseña que no has disciplinado apropiadamente a tu hijo si no le has pedido que practique la alternativa bíblica a su conducta pecaminosa. La disciplina bíblica involucra la corrección de conductas inapropiadas mediante la práctica de conductas apropiadas, con la actitud apropiada, por la razón apropiada, hasta que la conducta apropiada sea la habitual.[3]

Es esencial que el niño identifique el pecado y pida perdón por su falta de respeto, pero también es esencial que practique la alternativa bíblica. Así que después de corregirle y tal vez disciplinarle físicamente por su falta de respeto, haz que vuelva a la escena del crimen y practique una comunicación apropiada, usando el tono de voz apropiado y las palabras apropiadas (y para muchos niños, sobre todo los míos, ¡con la expresión facial apropiada!).

Imagina tratar de enseñar a tu hijo cómo atar sus zapatos sin el principio *gumnazo*. No basta con explicarle el proceso. Tienes que demostrarle exactamente cómo se hace y luego pedirle al niño que lo intente. Como dice Lou Priolo en *El corazón de la ira:* "Si el principio *gumnazo* es vital para enseñarles a realizar tareas tan simples y temporales, ¿cuánto más para enseñarles cómo aplicar verdades eternas y desarrollar un carácter como el de Cristo?".[4]

6

EL PODER DE LA PALABRA DE DIOS

2 Timoteo 3:16 nos da la razón por la que debemos usar las Escrituras en la crianza: "Toda Escritura es inspirada por Dios y útil para enseñar, para reprender, para corregir, para instruir en justicia..." (NBLH). El Espíritu Santo, hablando a través de la Palabra de Dios, expondrá lo malo, convencerá al culpable y promoverá la justicia. Para que nuestros hijos puedan caminar en justicia, primero deben experimentar convicción de pecado. Deben admitir que son culpables. Dios usa Su Palabra para traer convicción a Sus hijos. Por tanto, cuando nuestros hijos pecan debemos usar la Palabra de Dios para que lleguen a esa convicción.

Si los hijos aún no han nacido de nuevo, algunos padres suelen pensar que como sus hijos no son cristianos, no pueden obedecer a Dios de corazón. Por tanto, creen que no tiene mucho sentido instruirles en la Palabra de Dios. Después de todo, sin el poder del Espíritu Santo, ¿cómo podrían siquiera tratar de entender y obedecer los mandamientos de Dios? ¿Por qué quisieran honrar a Dios si no tienen la motivación de un cristiano?

Es cierto que la ley de Dios no es sencilla para el hombre natural. La ley de Dios es el más alto estándar. Es un estándar santo que no puede ser alcanzado fuera de la gracia sobrenatural de Dios. Pero ese es el punto. Es la ley de Dios que encontramos en la Palabra de Dios la que nos muestra nuestra necesidad de Su gracia. Enseñar a nuestros hijos la Palabra de Dios y Su ley les apuntará al hecho de que son pecadores necesitados de la misericordia y la intervención de Dios en sus vidas. La Biblia nos dice que la ley de Dios lleva a los pecadores a Cristo. Gálatas 3:24 dice: "Así que la ley vino a ser nuestro guía encargado de conducirnos a Cristo, para que fuéramos justificados por la fe". Por tanto, cada vez que tu hijo viole la ley de Dios, tienes una oportunidad para mostrarle su necesidad de Cristo.

Cuando tu hijo te hable irrespetuosamente, no te limites a decirle: "Te estás portando mal". Llámalo como Dios lo llama en Su Palabra. Dile a tu hijo lo que dice Dios acerca de esa conducta en particular y lo que le corresponde por ella. "Amor, estás siendo irrespetuoso conmigo y no me estás honrando. No te va a ir bien si sigues deshonrándome así. Ahora, inténtalo otra vez de una manera que muestre respeto".

Estas palabras salen de Deuteronomio 5:16. Yo usé las palabras de Dios, pero nota que no las usé como si estuviera detrás del púlpito predicándole a una congregación. Deuteronomio 6:6-7 nos dice que esas palabras de Dios, sus mandamientos, deben estar en nuestros labios, y que debemos enseñárselas a nuestros hijos hablando de ellas todo el día, todos los días: "Inculcaselas continuamente a tus hijos. Háblales de ellas cuando estés en tu casa y cuando vayas por el camino, cuando te acuestes y cuando te levantes (v 7)". No creo que eso signifique que si nuestros hijos son irrespetuosos tengamos que cambiar a una voz más formal y decirles: "Niños, vayan conmigo a Deuteronomio 5:16 y lean conmigo. 'Honra a tu padre y a tu madre, como el SEÑOR tu Dios te lo ha ordenado, para que disfrutes de una larga vida y te vaya bien en la tierra que te da el SEÑOR tu Dios'". Creo que debemos conocer la Palabra de Dios y hablarles de la Palabra de Dios con frecuencia y de la forma más natural posible. No enseñando de una manera formal, estricta o legalista, sino más bien con un estilo de vida en el que la Palabra sea constante en nuestros corazones, nuestras mentes y nuestros labios. Usa la Palabra de Dios para enseñarles desde tu corazón.

Cuando Alex era más pequeña, pasó por un período donde lloriqueaba para tratar de salirse con la suya. Yo le preguntaba: "Alex, ¿le estás pidiendo jugo a mamá con una voz controlada?". "No, mamá". "Mamá nunca te va a dar lo que quieres si estás lloriqueando. Dios quiere que tengas dominio propio aun con tu voz. Así que voy a poner una alarma para que en 5 minutos vuelvas y me pidas el jugo con dominio propio". No le prediqué un sermón ni usé palabras que ella no pudiera entender. La Palabra de Dios dice que debemos tener dominio propio. Lloriquear es un asunto de dominio propio. Yo simplemente usé las palabras de Dios para corregirla de una manera que ella pudiera comprender, hice que sufriera las consecuencias de tener que esperar cinco minutos y luego (lo más importante) hice que volviera y pidiera el jugo de la manera correcta.

Una vez más, podemos cansarnos de siempre tomarnos el tiempo para instruirles conforme a la Palabra de Dios, especialmente en esos días que pareciera que estás enseñando lo mismo una y otra vez. Es fácil llegar a ver la instrucción diaria como una carga o prueba. Pero Santiago 1:2-4 nos dice: "Hermanos míos, considérense muy dichosos cuando tengan que enfrentarse con diversas pruebas, pues ya saben que la prueba de su fe produce constancia. Y la constancia debe llevar a feliz término la obra, para que sean perfectos e íntegros, sin que les falte nada". Así que, según estos versículos, deberíamos regocijarnos y estar agradecidos cada vez que se nos da la oportunidad de recordarle a nuestros hijos su necesidad de Jesús al instruirles en Su Palabra. Si pudiéramos ver cada comportamiento pecaminoso como una oportunidad de enseñarles, nuestra instrucción sería mucho mucho más piadosa. Estaríamos gozosos y dispuestos en vez de molestos y frustrados. Ahora bien, yo sé mejor que nadie que es más fácil decirlo que hacerlo, pero debemos luchar por tener actitudes como la de Cristo (ver Fil 2:5).

Cada vez que tu hijo falla, no lo veas como una tragedia sin esperanza. Recuerda que sería contranatural que tu hijo no pecara ya que, después de todo, es un pecador.

El otro día estaba en una fila en el centro comercial y una mamá estaba en la fila de al lado con sus dos hijos, cuando uno de los hermanos golpeó al otro en la cabeza. Agotada, la mamá miró al hijo como si él se acabara de convertir en un monstruo de tres cabezas y le dijo: "¿Por qué eres así?". Tuve que contener las ganas de meterme y decirle: "Porque es un pecador. ¿Por qué no sería así?". La pregunta no debe ser: "¿Por qué es así?". La pregunta es: "¿Qué vas a hacer al respecto? ¿Vas a permitir que su pecado eche raíces en su corazón y crezca, o vas a aprovechar la oportunidad para instruirlo en justicia?".

Trágicamente, eligió dejar que el pecado echara raíces porque empezó a excusar su comportamiento. Ella miró a los adultos a su alrededor y por alguna razón sintió la necesidad de decirnos que su hijo "estaba tan cansado". "No durmió su siesta hoy y en verdad tiene mucha hambre". En ese momento quise decirle: "Bueno, yo también estoy cansada y con hambre, ¡pero no por eso voy a golpearte en la cabeza!".

No me malinterpretes. La fatiga puede afectar la conducta de los niños, pero el pecado es pecado y lo que está mal está mal. Aunque estés cansado y hambriento, es pecado golpear a alguien en la cabeza. No hay nada en la Biblia que nos permita ser negligentes en la instrucción porque un niño esté cansado o con hambre. Ellos no pecan porque estén cansados, con hambre ni porque estén teniendo un mal día: pecan porque son pecadores. Dios ha dado autoridad a los padres para instruirles, no para excusar sus pecados.

También fue interesante que justo antes del niño golpear a su hermana estaba muy calmado en la fila, y alguien que había pasado hasta comentó lo bien que se portaban sus hijos. La mamá, complacida y sonriente, les dijo: "¡Gracias!". Parece que en ese momento el niño no tenía hambre ni estaba cansado. Pero en tan solo segundos estaba tan hambriento y exhausto que ya no le quedaba suficiente dominio propio como para no golpear a su hermana.

Mi esposo y yo hemos dirigido varias clases sobre la crianza. Yo dirigía un ministerio en Auburn, Alabama, llamado *Mom to Mom* [De mamá a mamá], y estuve viajando a diferentes lugares para dar charlas acerca de la crianza. Esto a veces hace que las personas se crean la idea absurda de que somos padres perfectos criando a niños perfectos.

Hace un tiempo me quedé con los hijos de una amiga, y alguien luego le comentó: "No puedo creer que le hayas dejado a tus hijos. ¡Me avergonzaría de que ella viera cómo se comportan los míos!". Mi amiga, Abril, siempre ha sido muy ocurrente. Ella le respondió: "¿Qué? No me puedo avergonzar de cómo se comportan mis niños porque ¡he visto a los suyos comportarse de la misma manera!".

Y tiene toda la razón. Tengo una profunda pasión y un gran deseo de animar y enseñar a los padres a instruir bíblicamente a sus hijos, pero no enseño por mi propia autoridad o por mi propia habilidad porque no tengo ninguna de las dos. Enseño por la suficiencia de la Palabra de Dios.

De hecho, si visitaras mi hogar y vieras mis fallas, tal vez no hubieras comprado este libro. Yo también estoy creciendo como madre, y aunque deseo ser santa y perfecta en mi crianza, estoy muy lejos de lograrlo. Trato de ser diligente al enseñarles para ganar sus corazones para Jesús, pero no soy perfecta y ellos tampoco lo son.

La realidad es que todos los hijos son pecadores y se van a comportar pecaminosamente. La pregunta no es: "¿Van a pecar?". La pregunta es: "Cuando pequen, ¿qué vas a hacer?". ¿Los vas a ignorar, vas a gritarles, vas a inventarte excusas o vas a instruirles en el camino correcto? (Pro 22:6).

LAS RESPONSABILIDADES DE LOS PADRES

Dios ha dado a los padres las siguientes responsabilidades:

Aprovechar cada oportunidad para mostrar a sus hijos su necesidad de Cristo

La mayor necesidad de nuestros hijos es nacer de nuevo. La salvación de nuestros hijos no depende de lo que hagamos como padres. Su salvación es un asunto entre ellos y Dios. Sin embargo, somos responsables delante de Dios de apuntarles al Salvador que puede limpiar sus corazones.

Por muchos años creí que si los instruía diligentemente en las Escrituras estaría asegurando su salvación. Cuando mi hijo cumplió siete años, me di cuenta de que le citaba todos los versículos correctos para cada pecado, y de que podía hacer que Él se comportara conforme a la Biblia, pero solo Dios podía alcanzar su corazón. Se había vuelto un experto en honrar de labios. Le había instruido a que dijera las palabras correctas, pero su cara decía: "Ya te dije que lo que querías que dijera, ahora ¡déjame tranquilo!".

Fue durante este tiempo que Dios me enseñó a dejar de confiar en mis habilidades. Tuve que dejar de tratar de controlar su corazón y dejar que Dios actuara. Fueron tiempos difíciles. Parecía que había un océano de distancia entre nosotros. Hoy estoy muy agradecida por ese tiempo, pues me llevó a depender más de Dios. Le busqué con todo mi corazón y le rogué que restaurara nuestra relación y que hiciera que Wesley recibiera mi instrucción como una muestra de amor.

Dios me llevó a hacer dos cosas. Primero, a pasar tiempo a solas con él cada noche. A no apurarme. A no pasar ese tiempo instruyéndolo, sino sentada a su lado y escuchando lo que sea que él quisiera decirme. Segundo, a volver a su cuarto cada noche antes de dormirme y orar por él. Mi oración cada noche era que Dios tocara su corazón. Y Él lo hizo. (Para entender cómo llevar a tu hijo a Cristo, ver el Apéndice B al final del libro.)

Entrenarlos a obedecer a Dios al honrar y obedecer a sus padres

Debemos ayudarlos a obedecer a Dios al requerirles que nos obedezcan. Si no les requerimos obediencia, seremos una piedra de tropiezo para ellos. Lucas 17:2 explica que sería mejor ahogarnos en el mar con una piedra de molino en nuestro cuello que hacer que un niño tropiece. Cuando no le exigimos obediencia a nuestros hijos, les estamos robando parte de las bendiciones que Dios tiene para ellos. Efesios 6:1-3 nos dice: "Hijos, obedezcan en el Señor a sus padres, porque esto es justo. 'Honra a tu padre y a tu madre —que es el primer mandamiento con promesa— para que te vaya bien y disfrutes de una larga vida en la tierra'".

Enseñarles sabiduría

Esto aplica para los hijos salvos y para los inconversos. Aunque la Biblia enseña que nadie que rechaza a Cristo es verdaderamente sabio, se nos da el mandato de instruir y entrenar a nuestros hijos con sabiduría para la vida diaria.

Entrenarlos en justicia

Brenda Payne dice: "No podemos hacer que nuestros hijos sean justos, pero podemos enseñarles a hacer lo correcto". Pablo le dijo a Timoteo en 1 Timoteo 4:7-8: "Rechaza las leyendas profanas y otros mitos semejantes. Más bien, ejercítate en la piedad, pues aunque el ejercicio físico trae algún provecho, la piedad es útil para todo, ya que incluye una promesa no solo para la vida presente sino también para la venidera". Es importante que nuestros hijos tengan el hábito de pensar y actuar correctamente. Necesitan entender que al demostrar la justicia de Dios, están haciendo que Su luz brille en un mundo oscuro. Es una de las formas en que pueden mostrar el poder de Cristo a otros.

Traté de explicarle a mi hija de cinco años las diversas maneras en que podemos compartir nuestra fe, pero no creo que ella haya entendido bien el concepto. Un día decidió que iba a seguir el consejo de Mamá y que iba a compartir su fe con unos vecinitos. El momento me pareció ideal, su método fenomenal y su motivación... bueno, solo Dios puede juzgar los corazones.

Hay unos niños en nuestro vecindario a quienes les encanta sacar de quicio a Alex (lo cual no es tan difícil). Un día empezaron su guerra de palabras para molestarla... y lo lograron. Desde su patio estaban gritándole cosas para contrariarla. Estoy segura de que Alex estaba debatiéndose si debía "pagar mal por mal" o seguir el consejo de mamá y ser testigo de Jesús. Al final decidió caminar hasta la verja que dividía ambos patios, y con las manos en la cintura y su rostro bien en alto, comenzó a cantarles: "Us-te-des-no-co-no-cen-a-Je-sús". Aunque no podía ver su cara, algo me dice que también les sacó la lengua al terminar la canción. Evidente tenemos que seguir trabajando con la forma en que ha de compartir su fe.

"JUANA" LA BAUTISTA

Aparte de imitar a la mujer de Proverbios 31, creo que mi deber es muy similar al de Juan el Bautista. Permíteme explicar. Como padres, se nos ha dado la asombrosa responsabilidad de pararnos en la brecha por nuestros hijos. Antes de que ellos rindan sus vidas a Dios y se sometan a Su autoridad, ellos son colocados soberanamente bajo la única autoridad que conocen: sus padres. Durante ese tiempo los padres estamos parados en la brecha que hay entre Dios y nuestros hijos. Dios nos ha llamado a ser "Juan el Bautista" para nuestros hijos. En obediencia al llamado de Dios, Juan entregó su vida mientras preparaba el camino para Jesús. Dios usó las palabras y las acciones de Juan para preparar a los que Jesús luego llamaría a salvación.

De la misma manera, Dios nos ha confiado la tarea de preparar los corazones de nuestros hijos para el Salvador. Somos herramientas usadas por Dios para reducir gradualmente los callos del corazón, manteniéndolos sensibles e inclinados a obedecer. Cuando exigimos obediencia a nuestros hijos estamos preparándolos para la obediencia a Jesús, que es nuestro mayor propósito. Cuando vengan a los pies de Jesús y se sometan a Su señorío, se les hará más fácil obedecer Sus mandamientos porque ya están acostumbrados a obedecer. Vayamos delante del Señor como Juan el Bautista y "[preparemos] el camino" (Mt 3:3).

Orar por ellos

Debemos cubrir todos nuestros esfuerzos con oración. Podemos obedecer a Dios al instruir y enseñar a nuestros hijos, pero es Dios quien transforma los corazones. (Para aprender a orar por tus hijos, ver el Apéndice C al final del libro.)

Ser un ejemplo de piedad

Debemos enseñar con el ejemplo. Hace muchos años, un amigo me escribió una nota que decía: "Tus palabras hablan y tus pisadas también, pero tus pisadas hablan más alto que tus palabras".

J. Vernon McGee cuenta una historia acerca de un padre que tenía un frasco de *whisky* en su granero. Cada mañana salía y tomaba un trago de *whisky*. Un día iba saliendo, como de costumbre, pero esta vez alguien iba detrás de él. Al mirar atrás, vio a su niñito siguiendo sus pisadas en la nieve. El padre le preguntó: "Hijo, ¿qué estás haciendo?". El niño respondió: "Estoy siguiendo tus pisadas". El padre envió al hijo a la casa, entró a su granero y estrelló la botella de *whisky*.

Alguien está siguiendo tus pisadas. Tu hijo aprende más por lo que te ve hacer, no por lo que te oye decir. Él seguirá tu ejemplo. Al hacerlo, ¿será un hacedor de la Palabra o solamente un oidor? ¿Será fiel o hipócrita? Quizás uno de los versículos más aleccionadores en cuanto a nuestra responsabilidad de instruir a nuestros hijos es Lucas 6:40: "El discípulo no está por encima de su maestro, pero todo el que haya completado su aprendizaje, a lo sumo llega al nivel de su maestro".

¿POR QUÉ CORRIJO A MIS HIJOS?

En Mateo 18:15, Dios nos llama a corregir a aquellos que sean encontrados en pecado. Corregir a nuestros hijos según la Escritura expone lo malo al arrojar luz donde hay oscuridad, trayendo convicción al culpable. Pero recuerda que no somos más que vehículos entregando la Palabra de Dios. Solo la Palabra y el Espíritu de Dios producen convicción de pecado.

CUÁNDO CORREGIR A LOS HIJOS

¿Cómo sé cuándo debo corregir a mis hijos?

Cuando tu hijo haya pecado, sea que lo haya hecho intencionalmente o no.

Antes de aplicar la disciplina física. Nunca debes disciplinar a tu hijo sin decirle exactamente qué ha hecho mal y cómo puede hacerlo bien.

Aunque la disciplina física siempre debe ir acompañada de la corrección, hay situaciones en las que basta con la corrección. Aquí hay dos ejemplos:

Cuando el niño no ha sido informado acerca del estándar de los padres.

Es decir, cuando el niño no es consciente de que la acción estaba mal o era una desobediencia. Para que nuestros hijos puedan entender su responsabilidad de cumplir con los estándares, tenemos que comunicárselos. Una manera de hacerlo es conversando acerca de los estándares en momentos en que no haya conflicto. Hay muchas maneras de hacerlo. Puedes adquirir devocionales que se enfoquen en el desarrollo del carácter o hacer estudios de algunos personajes bíblicos. Hay muchos libros para niños que están basados en la Biblia y ejemplifican cómo demostrar un carácter piadoso en diversas situaciones. Los hijos asimilan mejor las lecciones morales en momentos donde no están en problemas. Otra manera de ayudar a tus hijos a sujetarse a los estándares es explicándoles qué se espera de ellos antes de que entren en la situación donde se sentirían tentados a desobedecer.

Por ejemplo, si van de camino al supermercado, puedes preguntar a tus hijos: "¿Quién sabe lo que *no* se debe hacer en el supermercado?". Cuando mis hijos eran más pequeños, hacíamos un juego con esto. Cada vez que respondían correctamente, se ganaban un punto. Sus respuestas eran parecidas a estas: "No debemos tocar las cosas en los estantes. No debemos pedir que nos compres comida chatarra. No nos podemos alejar de ti".

Luego de haber repasado lo que *no* deben hacer, les preguntaba: "¿Quién sabe lo que *sí* se debe hacer en el supermercado?". Sus respuestas podían incluir: "Debemos caminar a tu lado. Debemos responder si alguien nos habla. No debemos quedarnos colgados del carrito".

Instruir cuando no haya conflicto les da un claro entendimiento de lo que se espera de ellos, pero también ayuda a prevenir la desobediencia.

Cuando ese pecado no es característico del niño

En otras palabras, digamos que tu hijo sabe que tu estándar es que él venga donde ti tan pronto lo llames, y su costumbre desde hace un tiempo es venir de inmediato siempre que lo llamas. Digamos que una tarde lo llamas y él grita: "Mamá, estoy ocupado". Debido a que no suele desobedecer en esta área, no deberías disciplinarlo. Este es un momento para mostrar gracia, así como nuestro Señor nos muestra gracia, y simplemente corregirlo. Ahora, si lo hace de nuevo al día siguiente, entonces la disciplina sería necesaria.

7

MANEJANDO AL MANIPULADOR

La manipulación es un pecado que amerita reprensión, pero muchas veces lo pasamos por alto. Lou Priolo define la manipulación como un "intento de ganar control sobre un individuo o situación tratando de provocar en ese individuo una *reacción emocional* más que una *respuesta bíblica*... Para un cristiano, la manipulación es usar métodos antibíblicos para controlar o influenciar a una persona" (énfasis añadido).[1]

Personalmente, creo que las mujeres son mejores manipuladoras que los hombres, aun en la etapa de la niñez. Mi hija Alex es un ejemplo perfecto de cómo funciona la mente de una jovencita.

Estaba haciendo varias diligencias con Alex y su amiga Molly, ambas con cuatro años de edad. Estábamos regresando a nuestro auto una vez más, así que empecé a prepararme para el conflicto de siempre: a quién le tocaba subir al auto primero. Abrí la puerta y, otra vez, las chicas salieron corriendo para ver quién llegaba primero. Pero antes de yo intervenir para aconsejarles y resolver el conflicto de una vez por todas, Alex dijo: "Molly, esta vez voy a ser amable y generosa". Miré su hermosa carita y pensé: "¡Gloria a Dios!". Ella continuó: "Esta vez voy a entrar primero porque quiero ser amable". Molly intentaba asimilar lo que acababa de escuchar. En medio de su confusión, solo pudo preguntar: "¡¿Qué?!". Alex respondió con estas palabras justo antes de abalanzarse hacia la puerta del auto: "Molly, ¿no sabes que los primeros serán los últimos? No quiero que seas la última, ¡así que voy a entrar primero!".

¿Ves lo que digo? Las chicas tienen una habilidad impresionante para conseguir lo que quieren y aun así lograr que la otra persona sienta que salió ganando. Realmente es sorprendente cuando lo piensas.

¿Qué tal los chicos? Créeme que también tienen sus habilidades naturales.

Es tarde en la noche y oyes un ruido que viene de la cocina. Suena como que alguien está abriendo la lata de galletas. Te acercas silenciosamente a la escena del crimen y luego irrumpes por la puerta. Tu pequeño "amorcito" tiene cara de que lo atraparon con las manos en la masa. Y es así, pero sus ingeniosas payasadas sobrepasan las de un típico niño de tres años. Como si no entendieras lo que está sucediendo, le preguntas con firmeza: "¿Qué estás haciendo, hijo?". Extiende su brazo regordete ofreciéndote la galleta mientras responde suavemente: "Estaba sacando una galletita para ti, Mamá... ¿Puedo comerme una también?".

EL PEQUEÑO MANIPULADOR

La manipulación es más fácil de detectar en niños más pequeños que en los más grandes. Los pequeños pueden llorar, chillar, rogar o hacer una rabieta para tratar de conseguir lo que quieren. Cuando lo hacen, están *actuando neciamente.* Y cuando la mamá premia sus esfuerzos pecaminosos dándole lo que quieren, ella está *respondiendo neciamente.*

UN MANIPULADOR MÁS EXPERIMENTADO

Los manipuladores de mayor edad eran manipuladores más pequeños que han mejorado sus tácticas. Antes eran esfuerzos evidentes por tratar de ganar el control de la situación. Como ya son más inteligentes, ahora esos esfuerzos son más sutiles y difíciles de detectar. Los niños más grandes pueden acusar, criticar, poner mala cara, cuestionar o alejarse de ti para manipularte. Cuando lo hacen, están *actuando neciamente*. Mamá puede recompensar estos esfuerzos pecaminosos defendiéndose, justificando sus acciones, culpando a otros, dándole explicaciones innecesarias o discutiendo. Cuando mamá hace esto, ella está *respondiendo neciamente.*

RESPONDIENDO A LA MANIPULACIÓN

Dios le ha dado a los padres instrucciones sobre cómo responder a la manipulación: "No respondas al necio según su necedad, o tú mismo pasarás por necio. Respóndele al necio como se merece, para que no se tenga por sabio" (Pro 26:4-5). Con esto no quiero decir que los niños son necios, sino que son capaces de comportarse neciamente y de acuerdo a su naturaleza pecaminosa. La genialidad de la sabiduría de Dios en este proverbio es que abarca diferentes tipos de necedad. Si un niño se aferra tercamente a una justificación necia de sus acciones, los padres deben evitar caer en una discusión interminable y, de ser necesario, pasar directo a la disciplina. Pero si tu niño muestra señales de arrepentimiento, puedes rescatarlo en amor de la necedad de ser "sabio en [su] propia opinión" (Pro 3:7).

La Biblia nos da muchos ejemplos de personas, tanto amigos como enemigos, que trataron de manipular a Jesús. Él nunca respondió a una pregunta necia o a una acusación con una respuesta necia. En lugar de esto, respondía de tal manera que el necio no podía salir de esa conversación pensando que era sabio. En varias ocasiones vemos a Jesús mostrándole al necio su propia necedad al llevarle a evaluar su propio corazón.

Por ejemplo, Lucas 10 nos muestra una ocasión en la que Jesús entró a la casa de María y Marta. María se sentó a los pies del Señor a escuchar Sus palabras, mientras Marta estaba distraída atendiendo a los invitados. Marta solo quería ayuda con las preparaciones, pero en vez de simplemente pedir ayuda trató de manipular a Jesús para que hiciera que María le ayudara. En Lucas 10:40, Marta se queja diciendo: "Señor, ¿no te importa que mi hermana me haya dejado sirviendo sola? ¡Dile que me ayude!". Jesús respondió de tal manera que Marta tuvo que cambiar su enfoque de lo que María estaba haciendo hacia las motivaciones de su propio corazón. En los versos 41 y 42, Jesús le responde: "Marta, Marta, estás inquieta y preocupada por muchas cosas, pero solo una es necesaria. María ha escogido la mejor, y nadie se la quitará".

En otras ocasiones, Jesús frustraba las intenciones de los que intentaban manipularle evitando sus preguntas, demostrando así su necedad a las multitudes. Por ejemplo, en Mateo 21:23-28, los principales sacerdotes y maestros cuestionan la autoridad de Jesús para socavar su ministerio frente a la gente. En vez de defenderse a Sí mismo, incitando así la controversia que ellos buscaban, les hizo una pregunta que expuso su propia esclavitud a la opinión popular: «El bautismo de Juan, ¿de dónde procedía? ¿Del cielo o de la tierra? Ellos se pusieron a discutir entre sí: "Si respondemos: 'Del cielo', nos dirá: 'Entonces, ¿por qué no le creyeron?'" (v 25). Cuando se negaron a responderle, entonces Jesús respondió, "Pues Yo tampoco les voy a decir con qué autoridad hago esto"» (v 27).

Nuestra responsabilidad es responder a la necedad de la misma manera en que lo hizo Jesús. Como padres podemos juzgar las palabras y las acciones de nuestros hijos, pero no podemos juzgar sus pensamientos y motivaciones. Sin embargo, si somos sabios podemos ayudarles a evaluar lo que está en su corazón. Aquí están algunos ejemplos de cómo pudiéramos hacerlo:

Ejemplo #1

Tu hija está muy entretenida en su cuarto jugando con sus muñecas. Le dices que puede jugar cinco minutos más y que luego debe arreglar su cuarto porque es hora de almorzar. Con voz quejosa, pregunta: "¿¿¿Pero por qué???". Permíteme añadir que existen solo dos tipos de preguntas *por qué*. El *por qué* que se usa para manipular y el *por qué* sincero que está buscando una respuesta. No es muy difícil distinguir el uno del otro. Mamá ya había dicho que era hora de almorzar. Evidentemente, el *por qué* era un intento de manipular a mamá para que la dejara seguir jugando.

¿Cómo vas a responder?

A. Puedes responderle de acuerdo a su necedad y decir: "Porque llevas una hora jugando y te dije que es hora de comer".
B. Puedes responderle como merece su necedad y decir: "Amor, ¿será que estás más interesada en jugar que en agradar al Señor? El Señor dice: "Hijos, obedezcan a sus padres en todo, porque esto agrada al Señor" (Col 3:20).

Ejemplo #2

Tu hijo está afuera jugando con un amigo. Le dices que debe decirle adiós a su amigo porque tiene cita en el peluquero. Mirándote con cara de disgusto, te dice: "Nunca me dejas jugar con Juanito. ¡Nunca me dejas divertirme!".

¿Cómo vas a responder?

A. Puedes responderle de acuerdo a su necedad y decir: "¡Claro que te diviertes! ¡Estabas jugando con Juanito hace solo tres días!".

B. Puedes responderle como merece su necedad y decir: "¿Será que estás tratando de hacerme sentir culpable para poder conseguir lo que quieres? Deberías desear honrar y obedecer a tus padres más que el estar afuera con Juanito. Hijo, ten cuidado de no amar más al placer que a Dios" (Pro 21:17; 2Ti 3:4).

8

DIRECTRICES PARA LA CORRECCIÓN VERBAL

Conozco bien las frustraciones que acompañan a la crianza de niños pequeños. ¡Yo también he estado ahí! También conozco la facilidad con que una madre puede perder los estribos. Recuerdo un día específico en el que me sentía muy culpable por la forma en que le había hablado a mis niños, así que decidí escribir algunas directrices que me ayudarían a evitar esto en el futuro. Pienso que pueden beneficiarte a ti también así que las comparto a continuación.[1]

DIRECTRIZ #1: EXAMINA TUS MOTIVACIONES.

¿Estoy actuando de esta manera porque se ha violado mi voluntad o la voluntad de Dios? ¿Estoy corrigiendo a mi hijo porque ha pecado contra Dios o porque su conducta me ha incomodado, avergonzado o disgustado?

Considera otro ejemplo personal. Es uno de esos domingos en los que llegas a la iglesia luego de una mañana incómoda, y te das cuenta de que solo quedan asientos en la primera fila, justo delante del pastor y del grupo de adoración. Al ver que no hay de otra, organizas a tu familia como crees que habrá más probabilidades de sobrevivir. No funcionó. Empiezan a distraerse y a moverse como si les hubiera dado caramelos y chocolates de desayuno. Empiezan moviendo la cabeza. Luego se sientan en el borde del banco y empiezan a mover todo el cuerpo de lado a lado con la mirada perdida. Acompañan su baile con un sonido extraño que no parece ni humano. A la mitad del servicio, luego de todo tipo de advertencias y amenazas, ya están acostados de espaldas en el banco con los pies en el aire. Te giras para pedirle perdón a los que están sentados detrás. Al final del servicio descargas parte de tu ira informándoles en voz baja lo que va a pasar cuando lleguen a casa. Así que de pronto empiezan a quejarse y a chillar: "PERO YO NO QUIERO QUE ME DISCIPLINEEESSS". Para cuando vas saliendo del edificio, ya se han vuelto locos. Están en el piso gritando a todo pulmón mientras los arrastras por una pierna. Estos son los momentos en que tienes que orar por tus motivaciones antes de administrar cualquier tipo de disciplina.

Nuestros hijos se dan cuenta cuando son confrontados con una actitud incorrecta, y Dios conoce las motivaciones de nuestros corazones. Si nuestras motivaciones son pecaminosas, les corregiremos de manera pecaminosa y ellos lo verán como un ataque personal o un acto de venganza. Esto puede provocar que se sientan airados en vez de arrepentidos. Si percibes la posibilidad de que tus motivaciones no sean las correctas, asegúrate de orar para que el Señor cambie tu corazón antes de corregir a tu hijo.

Por ejemplo, nada me irrita más que uno de mis hijos me interrumpa cuando estoy conversando con otro adulto. Sin embargo, si estoy siendo motivada por una ira pecaminosa, al corregirlo voy a pecar contra Dios y contra mi hijo. Mi motivación no debe ser vengarme por haber sido irritada o interrumpida. Mi motivación debe ser sacar el irrespeto y la desconsideración del corazón de mi hijo. Si mi motivación es pecaminosa, tal vez diría algo como: "No puedo creer que seas tan desconsiderado. ¡Estoy tratando de hablar con ella y no eres capaz de esperar o pedir permiso!". Pero si mi motivación es justa en vez de egoísta, diría algo como: "Cariño, ¿te parece amable que interrumpas a Mamá mientras ella habla con otra persona? ¿Estás pensando en los demás o en ti mismo cuando interrumpes? ¿Qué otra cosa pudiste haber hecho en vez de interrumpir?". Siempre recuerda aplicar Gálatas 6:1 cuando estés reprendiendo a tu hijo: "Hermanos, si alguien es sorprendido en pecado, ustedes que son espirituales deben restaurarlo con una *actitud humilde*" (énfasis añadido).

También recuerda que debemos proveer a nuestros hijos de medios de escape y no solo corregirles por lo mal hecho. "Ustedes no han sufrido ninguna tentación que no sea común al género humano. Pero Dios es fiel, y no permitirá que ustedes sean tentados más allá de lo que puedan aguantar. Más bien, cuando llegue la tentación, Él les dará también una salida a fin de que puedan resistir" (1Co 10:13). Es común que los hijos tengan un deseo repentino de decirle algo a mamá mientras ella está hablando con otra persona. Para prevenir las interrupciones irrespetuosas, le he dicho a mis hijos que deben poner una de sus manos sobre mí y esperar a que yo les dé permiso para hablar. De esta manera, no los exaspero. Después de todo, cuando dos mamás están hablando, esperar que haya una pausa en la conversación puede parecer eterno. Esto puede ser insoportable para un niño pequeño.

Cuando mis hijos ponen su mano sobre mi brazo (o en cualquier otra parte), me están diciendo de manera respetuosa:

"Mamá, necesito decir algo, pero no quiero ser irrespetuoso". Usualmente coloco mi mano encima de la de ellos para dejarles saber: "Sé que necesitas algo, y voy a preguntarte qué es desde que haya una pausa en la conversación". Desde que sea conveniente, les daré permiso para hablar. Esto es lo que significa darles una vía de escape. Enseñarles a que pongan la mano sobre ti en vez de interrumpirte no es un mandato bíblico, sino que es una herramienta para prevenir la exasperación.

DIRECTRIZ #2: EXAMINA TU VIDA

¿He provocado a mi hijo de alguna manera? ¿Cuál es mi ejemplo? ¿Cómo actúo cuando las cosas no salen como yo quiero? ¿He llevado a mi hijo a pecar por falta de enseñanza? ¿He fallado en proveer una vía de escape? ¿He fallado en instruirle en justicia? ¿Le he dado a mi hijo más libertad de la que puede soportar? Deberíamos aplicar la amonestación bíblica: "¡Hipócrita!, saca primero la viga de tu propio ojo, y entonces verás con claridad para sacar la astilla del ojo de tu hermano" (Mt 7:5).

DIRECTRIZ #3: ELIGE EL MOMENTO Y EL LUGAR APROPIADOS

No avergüences a tu hijo. Él va a estar más atento a tus instrucciones si no se siente avergonzado por haber sido corregido frente a sus amigos. Cuando corriges a tu hijo en la presencia de otros, quitas su enfoque del pecado que hay en su corazón y lo llevas hacia la vergüenza y humillación que le has causado innecesariamente. Tu meta no es avergonzarlo, sino llevarlo al arrepentimiento. Puede que en algún momento sea necesario corregir a tu hijo frente a los demás, pero la mayor parte del tiempo, si hay otras personas alrededor, es mejor llevar a tu hijo a otra habitación o susurrarle al oído. Jesús nos enseñó: "Si tu hermano peca contra ti, ve a solas con él y hazle ver su falta. Si te hace caso, has ganado a tu hermano" (Mt 18:15).

DIRECTRIZ #4: ELIGE BIEN TUS PALABRAS

Ten cuidado de no reemplazar la sabiduría de Dios por la sabiduría del hombre. En vez de usar la terminología mundana, usa la terminología bíblica. Por ejemplo, cuando hables con tu hijo, no sustituyas:

"Estás siendo irrespetuoso" por "Te estás portando feo".

"Estás mintiendo" por "Dijiste una mentirilla".

"Actuar neciamente" por "Ser cabeza dura".

"Ser desobediente" por "Ser voluntarioso".

Procura usar la terminología bíblica, pues es el poder de las palabras y de la sabiduría de Dios lo que realmente va a penetrar los corazones de tus niños. Hebreos 4:12 explica este poder claramente: "Ciertamente, la palabra de Dios es viva y poderosa, y más cortante que cualquier espada de dos filos. Penetra hasta lo más profundo del alma y del espíritu, hasta la médula de los huesos, y juzga los pensamientos y las intenciones del corazón".

DIRECTRIZ #5: ELIGE EL TONO CORRECTO

Haz un esfuerzo consciente de no regañar a tu hijo. Corregir a tu hijo bíblicamente no solo implica elegir bien las palabras, sino también decirlas en un tono controlado: "El corazón del justo medita sus respuestas, pero la boca del malvado rebosa de maldad" (Pro 15:28). En el 1981, H. Clay Trumbull escribió acerca de los peligros de regañar:

> Regañar nunca es correcto, sea que tratemos con un hijo o con cualquier otra persona. Regañar es atacar o injuriar con

> un lenguaje enfurecido... Regañar siempre muestra un espíritu incorrecto y una pérdida de control...
>
> Si un hijo ha pecado, el hijo necesita ser corregido; pero ningún padre debe hablar con ese hijo mientras no pueda hablar en un tono de voz natural y con palabras escogidas cuidadosamente. Si un padre se siente tentado a hablar rápidamente, o a multiplicar palabras sin detenerse a medirlas, o está agitado, la primera tarea de ese padre es ejercer su dominio propio. Hasta que no esté totalmente bajo control, el padre no debe tratar de instruir a ese hijo. En ese momento, la falta de domino propio nos incapacita para corregir a otros...
>
> Si regañar produce algún efecto positivo, ese efecto es sobre quien regaña y no sobre quien es regañado. Un regaño es la explosión de un sentimiento poderoso que quiere controlarnos cuando estamos bajo la presión de alguna provocación externa. Nunca beneficia a quien es regañado, ni tampoco a quienes observan, pero puede darle un alivio físico a aquel que cede ante su deseo. Por tanto, si el padre entiende que regañar es una necesidad inevitable, ese padre debe encerrarse a solas de inmediato, en una habitación donde pueda regañar sin dañar a nadie. Pero nunca olvidemos que regañar nunca tiene lugar en la instrucción de los hijos.[2]

Permíteme ilustrar la diferencia entre regañar y corregir bíblicamente. Era un día frío de invierno. Mis hijos me preguntaron si podían salir afuera a jugar. Les di permiso para salir si se ponían sus zapatos y abrigos.

Ahora, debo decirte que a mi hija Alex le fascina andar descalza. Cuando me pasó por el lado corriendo le repetí mis órdenes: "¡No olvides tus zapatos!".

Pasaron 20 minutos. Cuando salgo a sacar la basura veo nada más y nada menos que a Alex corriendo descalza a toda velocidad. Por supuesto, sus pies ya estaban casi morados. Como si no fuera suficiente, los pantalones le quedaban un poco largos así que andaba pisándolos, y por estar corriendo ya tenían dos agujeros. Puede que hiciera frío afuera, pero en mi interior sentía un fuego que hubiera podido calentar a todo el vecindario.

Alex me había desobedecido directamente. Podía responderle de dos maneras:

A. *Podía regañarla.* Podía decirle severamente (con las manos en la cintura y los ojos relampagueando): "Alex, ¡TE DIJE que te pusieras los ZAPATOS! Ahora tienes los pies CONGELADOS y ¡MIRA lo que le hiciste a tus pantalones! TANTO que tu papá tiene que TRABAJAR para comprarte esa ropa, y ¡¿ASÍ es como le pagas?!¡Deja que lleguemos a tu habitación para que veas lo que te espera!
B. *Podía reprenderla bíblicamente y en amor*. "Alex, cariño, te pedí que te pusieras los zapatos antes de salir. ¿Obedeciste o desobedeciste a tu mamá?". Luego de que verbalizara su desobediencia, pudiera responderle con algo como: "Bueno, amorcito, Dios dice que los hijos deben obedecer a sus padres. Mamá te ama demasiado como para dejarte desobedecer. Por favor, ve a tu habitación. Yo iré en un momento".

¿A cuál respuesta crees que será más receptiva? ¿Cuál muestra amor incondicional y una instrucción cuidadosa?

¿Cuál crees que le enseñará sin provocarla a la ira? Recuerda que regañar es responder con ira. "La respuesta amable calma el enojo, pero la agresiva echa leña al fuego" (Pro 15:1).

Si, al igual que yo, te cuesta controlar completamente tu tono de voz, al menos trata de suavizar tu voz cuando les estés corrigiendo. Cuando trato de hacer un esfuerzo consciente de instruir a mis hijos en un tono más suave del que suelo usar, me ayuda a tener más dominio propio.

DIRECTRIZ #6: PREPÁRATE PARA SUGERIR UNA SOLUCIÓN BÍBLICA

Ya hemos hablado acerca de esto. Podemos decirle a nuestros hijos lo que deben "quitarse" (el pecado), pero debemos recordar que es aún más importante decirles lo que deben "ponerse" (la rectitud), enseñarles cómo reemplazar una conducta incorrecta por la correcta, y luego ayudarles a ejercitar lo que han aprendido. La Biblia lo describe de esta manera:

"Con respecto a la vida que antes llevaban, se les enseñó que debían quitarse el ropaje de la vieja naturaleza, la cual está corrompida por los deseos engañosos; ser renovados en la actitud de su mente; y ponerse el ropaje de la nueva naturaleza, creada a imagen de Dios, en verdadera justicia y santidad" (Ef 4:22-24).

UN LUGAR PARA LA IRA EN LA CORRECCIÓN

"Mis queridos hermanos, tengan presente esto: Todos deben estar listos para escuchar, y ser lentos para hablar y para enojarse; pues la ira humana no produce la vida justa que Dios quiere" (Stg 1:19-20).

Debes entender que no toda la ira es pecaminosa. La Biblia no dice: "No se enojen". Más bien dice: "Si se enojan, no pequen" (Ef 4:26). El enojo es una emoción dada por Dios. Hay una diferencia entre la ira pecaminosa y la ira justa. Pregúntate: "¿Estoy molesto porque se violó mi voluntad (ira pecaminosa) o la voluntad de Dios (ira justa)?". Sin embargo, aun si nuestra ira es justa, debemos ser cuidadosos de no comunicar esa ira de manera pecaminosa (gritando, lanzando cosas o insultando).

¿CUÁNDO ES PECAMINOSO AIRARSE?

La ira es pecaminosa cuando:

Ataca abiertamente al otro.

La ira pecaminosa podría decir: "¡Te dije que te quedaras a mi lado en la tienda! ¿¡Qué te pasa!? ¿¡Por qué no me obedeces!?". La ira justa podría decir: "Cariño, te pedí que te quedaras a mi lado en la tienda. ¿Obedeciste o desobedeciste? Así es, desobedeciste, y yo te amo demasiado como para dejar que me desobedezcas".

Mora en el corazón.

Si no tratamos bíblicamente con la ira, esta se convierte en resentimiento y amargura. Esta ira pecaminosa se manifiesta cuando guardamos rencores o dejamos de hablarle a nuestros hijos. La ira justa se enfoca en trabajar con el corazón del niño y trata con el pecado usando la Palabra de Dios y obedeciendo Sus mandamientos en cuanto a la disciplina.

Al instruir a nuestros hijos en justicia usando la Palabra de Dios, los estamos preparando para que aprendan a gobernar sus acciones y discernir lo que hay en sus corazones. Queremos que presten atención a nuestras instrucciones para que puedan a discernir lo que es correcto y hacerlo. Proverbios 17:10 nos recuerda que: "Cala más un regaño en el hombre prudente que cien latigazos en el obstinado".

PALABRAS SABIAS PARA MAMÁS Y PAPÁS

En los capítulos anteriores he hablado bastante acerca de la importancia de alcanzar el corazón de tu hijo y de corregirlo usando la Palabra de Dios. Para algunos de ustedes todo esto es nuevo. Si nunca has instruido a tu hijo según las Escrituras, entonces todo esto podría parecerte un poco abrumador. Tal vez estás pensando: "No tengo idea de cómo puedo encontrar los versículos bíblicos apropiados para las luchas de mis hijos. No sé ni por dónde empezar".

¡Buenas noticias! Escribí un pequeño libro llamado *Palabras sabias para mamás*[3] que puede ayudarte. Este material fue diseñado para madres, pero también es útil para los padres.

"El corazón del justo medita sus respuestas...".

— Proverbios 15:28

Esta una pequeña muestra de
Palabras sabias para mamás
de Ginger Hubbard

PALABRAS SABIAS PARA MAMÁS

CÓMO USAR ESTE MATERIAL:

Este material fue diseñado con el propósito de ayudarte a utilizar las Escrituras con el fin de erradicar la necedad "que está ligada al corazón [de tu] niño" (Pro 22:15 NBLH). No contiene todo lo que necesitas saber sobre los comportamientos pecaminosos que aquí se encuentran, ni tampoco habla sobre todos los comportamientos pecaminosos que puedas enfrentar. Es por esto que cuando se trate de enseñar, reprender, corregir y entrenar a tus hijos en justicia, este material debe ser usado como una herramienta *—no un sustituto—* en tu estudio personal de la Biblia.

1. CONDUCTA DEL NIÑO: QUEJA

EXAMINANDO SU CORAZÓN

1. ¿Tu actitud está demostrando agradecimiento y contentamiento?
2. En vez de quejarte, ¿por cuáles cosas podrías dar gracias en esta situación?

REPRENSIÓN ("QUITARSE")

Queja. "Háganlo todo sin quejas ni contiendas" (Fil 2:14).

ESTÍMULO ("PONERSE")

Gratitud. Dios quiere que seas agradecido y estés gozoso en toda circunstancia (1Ts 5:16-18).

VERSÍCULOS ADICIONALES

- *Proverbios 17:22*
- *Colosenses 3:17, 23*

2. CONDUCTA DEL NIÑO: CAUSAR CONFLICTOS, METERSE CON LOS DEMÁS

EXAMINANDO SU CORAZÓN

1. ¿Te estás proponiendo en tu corazón el promover la paz o estás causando conflictos?
2. ¿Cómo podrías mostrar amor y buscar la paz en esta situación?

REPRENSIÓN ("QUITARSE")

Conflicto. Una de las siete cosas que Dios odia es a aquel que siembra conflictos entre hermanos (Pro 6:19).

ESTÍMULO ("PONERSE")

Buscar la paz. Dios da gozo a los que promueven la paz (1P 3:11; Pro 12:20)

VERSÍCULOS ADICIONALES

- *1 Pedro 3:11*
- *Proverbios 10:12*
- *Proverbios 12:20*

3. CONDUCTA DEL NIÑO: MALAS AMISTADES

EXAMINANDO SU CORAZÓN

1. ¿Crees que este amigo te animará a seguir a Jesús?
2. ¿Crees que pasar tiempo con este amigo es una decisión sabia? (Ten cuidado de no condenar al amigo. Procura orar por él en amor y compasión).

REPRENSIÓN ("QUITARSE")

Malas compañías. Debes alejarte de aquellos cuyas vidas son contrarias a la enseñanza que has aprendido, de lo contrario te descarriarás y sufrirás los daños (Ro 16:17; Pro 12:26; Pro 13:20).

ESTÍMULO ("PONERSE")

Sabiduría. Si caminas con los sabios serás sabio (Pro 13:20).

VERSÍCULOS ADICIONALES

- *Proverbios 22:24-25*
- *Proverbios 28:26*
- *Romanos 16:17*

PARTE TRES

EL USO BÍBLICO DE LA VARA

9

EL TRASERO Y SU CONEXIÓN... ¿CON EL CORAZÓN?

Hoy en día hay muchos padres que no están seguros de si deben o no disciplinar físicamente a sus hijos. Algunos dicen que es una forma cruel y abusiva de castigar, o que promueve la violencia. Otros simplemente dicen que no creen en la disciplina física. Algunos psicólogos cristianos muy respetados recomiendan no disciplinar físicamente a los niños. Es muy fácil confundirse.

Veamos estos argumentos. Los primeros dos tienen cierto valor. Es cierto que hay hijos que son disciplinados físicamente y que luego desarrollan una tendencia hacia la violencia. Sin embargo, en muchos de estos casos los padres lo hacen de una forma mundana en lugar de usar el método bíblico para la disciplina física. Usaban la vara sin la corrección. Castigaban lo malo sin explicar cómo hacer lo correcto, y muchas veces castigaban con ira y con una motivación equivocada. Siempre que un padre rechace los métodos de Dios y abrace los métodos mundanos, habrá problemas. Proverbios 14:12 nos dice: “Hay caminos que al hombre le parecen rectos, pero que acaban por ser caminos de muerte". En estos casos, sería mejor que los padres se abstengan de disciplinar físicamente para no hacerlo de una manera contraria a la santa voluntad de Dios.

Como veremos en las próximas secciones, la Escritura enseña claramente que la vara debe usarse según los principios que Dios ha dado. Decir: "No creo en la disciplina física", es decir que Dios se equivocó al enseñarnos cómo criar. Es decirle a Dios que eres más sabio que Él. No olvidemos que los caminos de Dios son más altos que los nuestros. "'Porque Mis pensamientos no son los de ustedes, ni sus caminos son los Míos', afirma el SEÑOR. 'Mis caminos y Mis pensamientos son más altos que los de ustedes'" (Is 55:8-9).

¿QUÉ ES LA VARA?

Tedd Trip define el uso de la vara de la siguiente manera: "Es cuando un padre, en un acto de fe en Dios y de fidelidad hacia sus hijos, se responsabiliza de un uso cuidadoso, oportuno, moderado y controlado del castigo físico para recalcar la importancia de obedecer a Dios, y así librar al niño de continuar en su necedad hasta la muerte".[1]

¿POR QUÉ ES NECESARIA LA DISCIPLINA FÍSICA?

La disciplina física es parte del diseño de Dios para sacar la necedad de los corazones de nuestros hijos. Proverbios 22:15 nos dice: "La necedad está ligada al corazón del niño, pero la vara de la disciplina lo alejará de ella" (NBLH). Este versículo define claramente cuál debería ser nuestra motivación al disciplinar a nuestros hijos. No es vengarnos porque nos hayan avergonzado o irritado, ni para lograr que se comporten como queremos, sino erradicar la necedad que está ligada a sus corazones. Y como mencioné en la parte uno, si logras alcanzar sus corazones, la conducta cambiará.

MÉTODOS MUNDANOS PARA TRATAR DE CONSEGUIR OBEDIENCIA

En un esfuerzo por tratar de evitar el uso bíblico de la vara, algunos padres han diseñado métodos superficiales y destructivos para tratar de conseguir obediencia.

Método mundano #1: Sobornar

Una vez vi a una mamá en una tienda diciéndole a su niño de dos años que regresara. El niño la ignoró y salió corriendo en la otra dirección. Desesperada, la mamá gritó: "Ven donde mamá y te daré una golosina". De inmediato, el niño pasó de ser sordo a poder escuchar perfectamente y fue corriendo hacia su mamá. Esto no es instruir en obediencia: es recompensar la terquedad de un hijo. Debemos enseñarles a obedecer porque es lo correcto y lo que agrada a Dios, no para que obtengan una recompensa. Recompensarlos para que obedezcan los hace más egoístas. Su motivación al obedecer es: "Voy a obedecer porque así consigo lo que quiero".

Método mundano #2: Amenazar

Esto suele pasar luego de haber repetido varias veces tus instrucciones. Como no te hace caso, optas por una táctica más convincente.

"¡Si no compartes tus juguetes ahora mismo los voy a regalar!", dice la mamá amenazante. Esto les enseña que mamá amenaza con hacer cosas que no va a cumplir. ¿Cuántos padres, con tal de hacer que sus hijos aprecien sus juguetes, no han hablado acerca de los niños pobres que viven al otro lado del mundo y que no tienen juguetes? Pero ¿cuántos padres han llegado a enviar esos juguetes a Pekín?

Evita decir cosas que no vayas a cumplir. Recientemente me di cuenta de que estaba amenazando a mis hijos. Les dije: "Si no limpian su cuarto, no podrán dormir donde los abuelos". Pero yo sabía muy bien que no iba a dejar de salir con mi esposo para cumplir esa amenaza. Mateo 5:37 nos dice: "Cuando ustedes digan 'sí', que sea realmente sí; y cuando digan 'no', que sea no. Cualquier cosa de más, proviene del maligno". Cuando nos acostumbramos a decir cosas que no vamos a cumplir, estamos mintiendo y exasperando a nuestros hijos. Es difícil hacerle caso a un mentiroso. Nunca hagas una amenaza ni des una orden si no vas a llevarlas hasta las últimas consecuencias. Piensa antes de hablar. Trata de no decir "sí" o "no" a algo hasta estar seguro de que esa será tu respuesta final. Santiago 1:19 dice que uno debe ser "pronto para oír, tardo para hablar" (NBLH). Proverbios 15:28 dice: "El corazón del justo medita sus respuestas".

Método mundano #3: Apelar a sus emociones

Muchas veces los padres tratan de apelar a las emociones de sus hijos haciéndoles sentir culpables. "Con todo lo que yo hecho por ti, ¿así es como me pagas?", dice mamá con cara de tristeza. Este método mundano es muy tentador para los padres que ya están agotados por todo lo que hacen por sus hijos. Es fácil sentir lástima de nosotros mismos y pensar que nuestros hijos "nos deben" obediencia. Pero cuando hacemos esto le estamos enseñando a nuestros hijos a complacer a los hombres y no a Dios. Juan 12:43 nos enseña a amar la alabanza que viene de Dios y no la de los hombres. Queremos que la motivación de nuestros hijos al obedecer salga de un corazón que quiere agradar a Dios y no de uno que sea movido por la culpa.

Método mundano #4: Manipular su ambiente

Mientras mamá está hablando con una amiga, el pequeño Rolandito agarra el florero que está sobre la mesa. Mamá lo ve de reojo y continúa hablando con su amiga mientras trata de poner el florero donde él no pueda alcanzarlo. Pero Rolandito no puede quedarse tranquilo (después de todo, es bien curioso), y ahora toma el marco de cristal que está del otro lado de la mesa. Mamá se da cuenta de que lo tiene después de él haberlo embarrado de chocolate. "¡Rolandito, deja eso!", dice mamá. Rolandito lo deja por unos minutos, pero luego vuelve y lo toma, así que mamá se levanta y pone el marco en un lugar donde Rolandito no pueda alcanzarlo. La misma historia se repite hasta que mamá ya ha reorganizado toda la sala, y Rolandito (¡tan lindo niño!) se queda buscando algo que mamá no pueda esconder. Nota que mamá ha estado entrenando al pequeño Rolandito. Esto es lo que le ha enseñado: "Si puedes alcanzarlo, es tuyo. Si lo pongo donde solo yo puedo alcanzarlo, es mío". Pero no le ha enseñado a ejercer dominio propio ni a obedecer.

Método mundano #5: Razonar con el niño

Mamá le pregunta a su hijo de seis años: "Cariño, ¿no quieres venir a comer?". "No gracias, mamá, estoy jugando con mis carritos".

"Ay, pero amor, se te va a enfriar la cena si no vienes ahora".

"Pero es que prefiero seguir jugando. Cuando termine, voy".

"Pero es que si vienes a comer ahora, pensé que podríamos ir al parque después de comida".

"Está bien, mamá, ya casi voy".

Aquí mamá está tratando de convencer a su hijo para que obedezca, en vez de instruirle y requerir obediencia. Los padres que tratan de razonar con sus hijos normalmente terminan frustrados y hasta siendo burlados por la inteligencia de sus hijos. Así que terminan recurriendo a algún tipo de soborno para conseguir la respuesta que desean. Razonar con niños pequeños para tratar de que obedezcan los confunde, porque los coloca en una posición donde no son lo suficientemente responsables o maduros para poder manejarlo. Borra la línea de autoridad que hay entre adultos y niños, y coloca a los niños en el mismo nivel de los padres. En lugar de esto, debemos instruirles claramente y requerir obediencia.

Estos métodos mundanos son solo algunas de las maneras en que manipulamos la conducta de un niño sin trabajar con su corazón. Colosenses 2:8 nos dice: "Cuídense de que nadie los cautive con la vana y engañosa filosofía que sigue tradiciones humanas, la que va de acuerdo con los principios de este mundo y no conforme a Cristo". Y Gálatas 6:7-8 nos dice: "No se engañen: de Dios nadie se burla. Cada uno cosecha lo que siembra. El que siembra para agradar a su naturaleza pecaminosa, de esa misma naturaleza cosechará destrucción; el que siembra para agradar al Espíritu, del Espíritu cosechará vida eterna".

Vivimos en una época que desafía constantemente a Dios y a Su Palabra, y eso incluye Sus métodos para instruir a los hijos. Pero la Biblia dice: "Hay caminos que al hombre le parecen rectos, pero que acaban por ser caminos de muerte" (Pro 14:12).

No debemos sorprendernos de que los métodos mundanos y las filosofías falsas vengan de los "expertos" seculares. Sin embargo, debemos aprender a discernir la diferencia entre la sabiduría del mundo y la sabiduría de Dios. 1 Corintios 3:18 dice que "a los ojos de Dios la sabiduría de este mundo es locura". Me gustaría darte dos escenarios comunes donde no se usa la Palabra de Dios para instruir a los hijos, y me gustaría que notaras cómo terminan.

Escenario #1: Una madre está en una fila para pagar con su niño de cuatro años. El pequeño Tomás empieza a escarbar entre todos los dulces que están en el mostrador, y su mamá lo toma del brazo y le dice: "¡Tomás! Te dije que te quedaras tranquilo".

Tomás se suelta de la mano de su mamá y le dice en un tono desafiante: "No quiero", y sigue en su búsqueda de caramelos.

La voz de mamá sube una octava: "Tomás, vuelve ahora mismo o ya verás lo que te va a pasar cuando lleguemos a casa". La batalla continúa durante todo el tiempo que permanecen en la tienda. Madre e hijo regresan a casa frustrados y molestos.

Escenario #2: Una madre está en la biblioteca con sus dos niños pequeños. Los niños empiezan a discutir y a pelear hasta que mamá dice: "¡Tranquilos! Ustedes saben muy bien cómo deben comportarse". Mientras esperan por los libros, mamá empieza a explicarle a la señora del mostrador: "Perdona la molestia, es que no han dormido su siesta". Al salir, mamá le dice a los niños lo decepcionada que está por su conducta.

Nota cómo ambos escenarios terminaron en una nota negativa. Ninguna de las madres está obedeciendo los mandatos de Dios en cuanto a la instrucción de sus hijos. Han abandonado los preceptos santos de Dios y adoptado métodos mundanos.

La instrucción bíblica siempre termina de manera positiva. Aunque un niño desobedezca en el supermercado, la madre no debe gritarle ni quedarse enojada. Este tipo de disciplina no muestra amor incondicional ni una instrucción cuidadosa, sino que envía un mensaje negativo al niño: "No estoy satisfecha contigo". Nuestro deseo debe ser que el niño medite en lo que pudo haber hecho bien, no en lo que hizo mal.

La madre que se toma el tiempo para disciplinar físicamente, para recordarle cuánto lo ama y hablar sobre lo que el niño pudo haber hecho le está enviando un mensaje positivo: "Te amo tanto que quiero instruirte en justicia".

Pasa lo mismo en el segundo escenario. Los niños primero vieron a la madre dando excusas por su comportamiento, lo cual les envía un mensaje negativo: "Tienen derecho a discutir y a empujarse si están cansados". Luego envía una señal confusa al contradecirse a sí misma diciendo que está decepcionada por su comportamiento. De nuevo, esto causa que los niños se enfoquen en la decepción de la mamá y no en cómo pueden hacerlo bien. La instrucción de mamá hubiera sido más positiva y orientada al corazón si ella les hubiera dicho tranquilamente que no tocaran nada y esperaran a que ella terminara de pagar. Si deciden desobedecer su instrucción, en el camino hubiera podido explicarles que los amaba tanto que debía enseñarles a ejercer dominio propio y a obedecer. Luego de administrar la disciplina física en el hogar, ella hubiera podido discutir con ellos lo que pudo haber sido una respuesta positiva a sus instrucciones. Esto les envía el siguiente mensaje positivo: "Los amo tanto que quiero enseñarles a ejercer dominio propio y a obedecer para que puedan tomar decisiones más sabias".

10

EL MODELO BÍBLICO FUNCIONA

¿Has escuchado de algún padre que no quiera que sus hijos obedezcan? Claro que no. Todos los padres quieren tener hijos obedientes, pero muchos padres no lo logran. Algunos se desaniman y se frustran tanto que llegan a creer que es imposible lograr que sus hijos sean obedientes.

¿Por qué hay tantos padres que se desaniman y hasta se rinden? ¿Por qué no funciona la disciplina con sus hijos? ¿Por qué hay cada vez más desobediencia? ¿Por qué tantos padres gritan, lloran, ruegan, amenazan y hasta abusan físicamente en su intento de disciplinar a sus hijos —sin lograr nada? Es porque no están siguiendo las instrucciones que están en el "manual de instrucciones"[1] —la Biblia. Como dice Roy Lessin:

Todo el que compra un electrodoméstico recibe un manual de instrucciones de parte del fabricante. Le dice cómo usarlo y cómo lograr que se mantenga en buen estado. Si algo sale mal, el cliente debe contactar al fabricante y pedirle que lo repare. Lo mismo aplica para la familia. Fue Dios quien la creó. Él nos ha dejado instrucciones claras en Su Palabra sobre cómo Él quiere que funcione. Cuando los padres tienen problemas instruyendo a sus hijos, es a Él a quien deben consultar. Él nos ha dado las riquezas de Su sabiduría para guiarnos en esta importante misión de criar a nuestros hijos.[2]

¿POR QUÉ USAMOS LA VARA?

La disciplina bíblica incluye la enseñanza, la reprensión, la corrección y el uso apropiado de la vara. Tal vez estás pensando: "¿Qué llevaría a un padre amoroso a disciplinar físicamente a su hijo?

El uso de la vara demuestra fidelidad a Dios.

Los padres que confían en la sabiduría de Dios entienden la relación entre la vara y la obediencia. Obedecer los mandamientos de Dios en cuanto al uso de la vara es depender completamente de Su sabiduría y confiar plenamente en Su consejo.

El uso de la vara demuestra fidelidad a los hijos.

Los padres que se rehusan a corregir físicamente a sus hijos están cometiendo una injusticia espiritual. No corregirlos físicamente es ser infiel a sus almas. "No dejes de corregir al joven, que no va a morirse si lo castigas con vara. Al contrario, castígalo con vara y lo librarás de caer en el sepulcro" (Pro 23:13-14 RVC). Esto no significa que mientras más lo castigues mayor será la probabilidad de que el niño vaya al cielo. Simplemente significa que el uso de la vara ayuda al niño a ser sumiso y a tener una actitud que le permita recibir la Palabra de Dios.

El uso de la vara imparte sabiduría.

La conexión entre la vara y la sabiduría a lo largo de las Escrituras es muy importante. El hijo que no se somete a la autoridad paterna está actuando neciamente. Está rechazando la jurisdicción de Dios. La vara de la corrección trae sabiduría al niño. Humilla su corazón y lo libra de la necedad que hay en él. La Biblia lo explica de esta manera: "La vara de la disciplina imparte sabiduría, pero el hijo malcriado avergüenza a su madre" (Pro 29:15).

LA VARA ES UNA RESPONSABILIDAD

Cuando los padres usan la vara no solo están castigando a sus hijos, sino que están llevando a cabo la responsabilidad que Dios les ha dado. Aunque no entendamos del todo la manera en que funciona la vara, podemos confiar en que Dios honrará nuestra obediencia y obrará en sus corazones por medio de la disciplina. Por tanto, si vas a rescatar a tu hijo de la muerte, si vas a desarraigar la necedad de su corazón y a impartirle sabiduría, tendrás que usar la vara.

EXCUSAS DE LOS PADRES PARA NO DISCIPLINAR FÍSICAMENTE A SUS HIJOS

Los padres de generaciones más recientes han ideado muchas excusas para no corregir físicamente a sus hijos. Aunque muchas excusas son bien intencionadas, no son bíblicas.

"Pero... es que amo tanto a mis hijos que no soy capaz de disciplinarlos".

Puedo entender esa forma de pensar. Una de las cosas más difíciles para una madre es tener que usar la vara. Disciplinar a mis hijos es doloroso para mí. Yo nunca le creí a mis padres cuando me decían la famosa frase: "Esto me va a doler más que a ti". Siempre pensé: "Mentiras". Sin embargo, ahora que estoy del otro lado, sé que mis padres decían la verdad. Provocar dolor a tu hijo es algo difícil de hacer, pero pensar que "lo amas demasiado como para disciplinarlo" es algo mundano.

Hazte esta pregunta: ¿A quién beneficia la decisión de no disciplinar a tu hijo? Definitivamente no al niño. Proverbios 23 deja claro que no usar la vara pone al niño en riesgo. Así que ¿quién se beneficia cuando no se usa la vara? Tú. Eres librado de la incomodidad de tener que disciplinar a tu niño. Eres librado de tener que provocarle dolor a alguien que amas tanto. Eres librado de la inconveniencia de tener que tomarte el tiempo para disciplinar de una manera correcta. Pero Dios dice: "El que evita la vara odia a su hijo, pero el que lo ama lo disciplina con diligencia" (Pro 13:24 NBLH). Los padres no deben ser abusivos, sino *cuidadosos* en su disciplina. Es el amor lo que motiva a los padres a usar la vara. Dios asocia la disciplina con el amor, así que cuando disciplinemos en amor, *nuestros hijos* asociarán la disciplina con el amor.

"Pero... es muy pequeño para entender".[3]

Algunos padres piensan que Junior es demasiado pequeño como para entender que no puede tomar todo lo que vea en la mesa. Los niños son suficientemente grandes como para entender un "no" cuando son lo suficientemente grandes como para hacer algo que requiera que le digas "no". He escuchado a algunas madres gloriarse de lo inteligente que son sus hijos; sus niños de seis meses pueden decir adiós o aplaudir cuando les pides que lo hagan. Los niños de ocho meses pueden entender muchas palabras. Pueden responder a instrucciones como "Ven donde mamá", "Tírame un beso", "Dale un abrazo a tu muñeca". Sin embargo, esas mismas madres son las que dicen "Ay no... es demasiado pequeño para entender la palabra 'no'".

Algunas mamás me han preguntado si está bien darle una palmada en la mano del bebé cuando está desobedeciendo y tocando algo que se le ha prohibido tocar. La respuesta debería ser obvia: sí, siempre y cuando esté desobedeciendo y tocando algo que se le haya prohibido. Si son lo suficientemente grandes como para desobedecer, entonces son lo suficientemente grandes como para ser instruidos a obedecer.

Mi amiga Débora me contó lo mucho que le costaba que su bebé se quedara sentada en su silla alta. La bebé tenía diez meses cuando aprendió a obedecer. Mamá decidió que si ella era lo suficientemente grande como para ser desafiante, era lo suficientemente grande como para aprender a someterse. Esto fue lo que me contó sobre el día en que su hija Diana aprendió a obedecer en esta área:

> Ella trataba de pararse encima de la silla, y yo le decía: "No, Diana, no te pares en la silla", y la sentaba. No tardó en volver a intentarlo, así que le di una nalgada y le dije: "¡No! Siéntate". Podía ver la confusión en su cara. Empezó a sentarse... luego a pararse... pero cuando me vio lo pensó mejor y se volvió a sentar. Y nunca más nos dio problemas en la silla.

Diana aprendió la lección la primera vez que su mamá la disciplinó. No todos los niños se someten tan rápidamente, pero este ejemplo nos muestra que es posible que un niño de diez meses aprenda el significado de la palabra "no".

"Pero... solo se está portando así porque estamos fuera de casa".[4]

La desobediencia de tu niño sale de su corazón, no de un cambio de ambiente. Cuando estás fuera de casa, no puedes decir que tu hijo está desobedeciendo porque está en un lugar diferente. Si excusamos su comportamiento de esta manera, aprenderá rápidamente que solo debe obedecer cuando esté en casa. Es una doble moral que no beneficiará al niño, al padre ni a los que anden en las salidas. Tu palabra debe ser obedecida en el supermercado, en el parque, en el centro comercial, en la casa de un amigo y hasta donde la abuela.

"Pero... creo que no se siente bien, porque solo se porta así cuando está enfermo".[5]

Si tu hijo está enfermo, necesita un cuidado especial de su mamá. Necesita mucho amor, descanso y posiblemente medicina. Sin embargo, la desobediencia no puede ser excusada solo porque el niño "no se siente bien". No hay nada en las Escrituras que diga que está bien descuidar la instrucción de un niño cuando esté cansado o enfermo. La Biblia no dice que hay que enseñar obediencia a los niños a menos que estén enfermos. La Palabra de Dios no cambia. Aunque tu hijo tenga fiebre, gripe o dolor de estómago, "sí" quiere decir "sí" y "no" quiere decir "no". Los padres que descuidan la instrucción de sus hijos cada vez que se enferman van a enfrentarse a la dificultad de tener que volver a entrenarlos después. Es más fácil enseñar que reenseñar.

"Pero... lo sacó de su tío Tomás, que también tiene un temperamento difícil".[6]

Tal vez sea muy tarde para corregir el temperamento del tío Tomás con la vara, (aunque pienso que a muchos adultos les haría muy bien un par de nalgadas...), pero no es muy tarde para tu hijo. El hecho de que el tío Tomás no haya sido instruido en el domino propio debería servir de motivación, no de excusa. Decir que su pecado es heredado es decir algo obvio. *En un sentido, todo pecado es heredado.* Lo heredamos de Adán. Pero puedes estar seguro de que el uso bíblico de la vara te ayudará a lidiar con cualquier asunto hereditario que necesite corrección.

"Pero... la disciplina física no funciona con mi hijo".

Una madre me dijo una vez: "Tal vez logres que tus hijos obedezcan, pero eso no va a funcionar con mis hijos". Ahí empezó a explicar las diferentes personalidades de sus hijos. Cada niño es una creación única de Dios, pero Él espera que todos los niños obedezcan, sin importar sus personalidades. Cada niño es diferente, pero en ningún lugar de la Escritura se nos dice que alguno esté exento del mandato de Dios a la obediencia por alguna particularidad. Colosenses 3:20 dice: "Hijos, obedezcan a sus padres en todo, porque esto agrada al Señor".

ALGUNAS RAZONES POR LAS QUE NO FUNCIONA LA CORRECCIÓN FÍSICA

Hay ciertos casos en los que la corrección física no tiene el efecto deseado en el corazón del niño. Esto suele deberse a un uso incorrecto de la vara. Aquí están algunos ejemplos de ese mal uso:

Falta de constancia.

Tienes que ser constante. Bruce Ray dice: "No es la severidad de la corrección lo que producirá obediencia, es la certeza de la corrección lo que producirá el resultado deseado. Sé constante en la administración de la disciplina. Nunca des una advertencia o un mandato si no vas a llevarlos a cabo".[7]

Un día la mamá de Juancito lo ignora mientras él va sacando todos los envases plásticos de la cocina. Pero al otro día lo disciplina por hacer lo mismo. ¡Cuán confuso, desesperante e injusto es eso para el niño! Si nunca sabe cuándo lo vas a disciplinar, vivirá asustado durante toda su niñez. Tenemos que establecer un estándar y aplicar las mismas consecuencias siempre que el estándar sea violado, de lo contrario exasperaremos a nuestros hijos y los provocaremos a ira.

Un niño que no sabe qué esperar se llenará de inseguridad. Cuando un niño sabe qué esperar se siente seguro. Es una crueldad hacerles vivir amedrentados por no saber qué puede pasar. Es una crueldad disciplinarles dependiendo de nuestro estado de ánimo, nuestro nivel de energía o nuestros caprichos. Todos los niños, desde los infantes hasta los adolescentes, se sienten muy seguros cuando saben cuáles son sus límites. De hecho, con los límites viene la libertad. Cuando estableces límites para tus hijos, les estás dando la libertad de determinar cuándo habrá consecuencias. Son corregidos por su propia decisión y no por las emociones o el ánimo del padre. Un niño seguro es un niño que conoce los límites y que siempre es corregido cuando los traspasa.

La vara de la corrección es lo que mantiene al niño sometido a sus padres, y Dios ha prometido bendecir esa sumisión. La disciplina le permite crecer en dominio propio. La disciplina les ayuda a respetar a sus padres, y promueve una atmósfera de cercanía entre padres e hijos. La madre que es fiel en la disciplina y que no permite que su hijo rete su autoridad tendrá una relación íntima con su hijo. Sin embargo, permitir la desobediencia crea una distancia. Que nadie te engañe haciéndote pensar que los azotes harán daño a la relación. Un padre que siempre requiere obediencia disfrutará de una relación cercana y abierta con su hijo.

Falta de persistencia.

Algunos padres tratan de usar la vara durante un par de días, se desaniman cuando sus hijos no se transforman de la noche a la mañana, y se rinden. Deciden que la disciplina no solo es desagradable, sino que es inútil. En Hebreos 12:11 leemos: "Ciertamente, ninguna disciplina, en el momento de recibirla, parece agradable, sino más bien penosa; sin embargo, después produce una cosecha de justicia y paz para quienes han sido entrenados por ella". Cosechas lo que siembras, cosechas después de que siembras, y cosechas más de lo que siembras.

Cuando somos persistentes, nuestros hijos aprenden la ley de la cosecha. Tedd Tripp dice: "Cuando reciben consecuencias dolorosas por su desobediencia, aprenden sobre el principio de la siembra y la cosecha que Dios mismo ha establecido en este mundo".[8] Podemos desanimarnos por momentos y pensar que es inútil, pero nuestra responsabilidad es confiar en Dios, hacer lo que Él nos ordena y dejarle los resultados a Él. Proverbios 3:5 nos dice: "Confía en el SEÑOR de todo corazón, y no en tu propia inteligencia". Dios quiere que hagamos todo lo que Él requiere por el tiempo que haga falta. Él nos reta en Gálatas 6:9: "No nos cansemos de hacer el bien, porque a su debido tiempo cosecharemos si no nos damos por vencidos".

Falta de efectividad.

El propósito de la disciplina es causar dolor. Si el pequeño Juancito tiene tres niveles de pañales y está corriendo en círculos mientras su mamá le da con la vara sin mucho ánimo, la corrección física será ineficaz. (Ver "Directrices bíblicas para la disciplina física" en el capítulo 12). Recuerda que cada hijo es diferente. Algunos toleran el dolor más que otros. Otros son más sumisos por naturaleza y tardan menos en mostrar un arrepentimiento sincero. Como madre, debes determinar qué "funciona" con tu hijo. *Por favor recuerda que si dejas algún tipo de marca en tu niño, lo estás disciplinando con demasiada fuerza.*

Falta de rectitud.

Si usas la vara con una ira pecaminosa o con una mala motivación, más que arrepentirse, el niño va a resentirse. Los niños no ceden cuando la corrección es administrada incorrectamente. Y Dios no va a honrar nuestros esfuerzos si nuestras motivaciones son pecaminosas. Está bien que dejemos a nuestros hijos en sus cuartos mientras oramos por unos minutos para presentar nuestro corazón delante de Dios antes de administrar la vara. Asegúrate de que tu motivación para disciplinar a tus hijos sea justa, pues Santiago 1:20 nos dice que "la ira humana no produce la vida justa que Dios quiere". Tu motivación no debe ser la venganza, sino el amor. Tu deseo debería ser sacar la necedad del corazón de tu hijo. Al disciplinar, no deberíamos pensar (ni decir): "No sabes lo que te espera", ni "Ya verás lo que te va a pasar ahora". En lugar de esto, deberías pensar (y decir): "Te amo demasiado como para permitir que este pecado eche raíces en tu corazón y crezca".

11

ESTABLECIENDO EL ESTÁNDAR DE OBEDIENCIA

Deberíamos esperar que nuestros hijos obedezcan al instante. Enséñales que Dios quiere que ellos obedezcan completamente, inmediatamente y con un corazón contento. Tan pronto mis hijos aprendieron a hablar, yo les preguntaba: "¿Cómo quiere Dios que obedezcan?". Ellos respondían: "Completamente, inmediatamente y con un corazón contento". He hablado mucho acerca de instruir a los niños bajo este estándar, así que permíteme explicar cada punto y presentar su apoyo bíblico.

LA OBEDIENCIA DEBE SER COMPLETA

La Biblia enseña que la obediencia debe ser completa. Dios demuestra la importancia de la obediencia completa a través de la vida del rey Saúl en 1 Samuel 15. Dios le dijo a Saúl que destruyera completamente a los amalecitas, incluyendo todo su ganado. Saúl pensó que matar todo ese ganado sería un desperdicio, así que decidió quedarse con algunos. Luego de la batalla, Samuel cuestionó al rey Saúl, preguntándole si había obedecido completamente lo que Dios había ordenado. Estoy segura de que a Saúl se le subía la sangre a la cabeza mientras asentía. Y cuando se oyó una oveja de lejos, diría que el corazón se le detuvo por un instante. Saúl quedó igual que aquel niño que fue atrapado con la galletita, y así como ese niño respondió: "Era para ti, mamá", Saúl trató de justificar su desobediencia diciendo que había salvado esos animales para ofrecerlos como sacrificios a Dios. Pero Samuel le responde que "obedecer al Señor es mejor que ofrecerle sacrificios" (1S 15:22 RVC). Como consecuencia de la falta de obediencia completa del rey Saúl, el reino le fue quitado.[1]

LA OBEDIENCIA DEBE SER INMEDIATA

Cada vez que mi pastor predica acerca de la obediencia, termina diciendo: "La obediencia demorada es desobediencia". Un niño debe ser instruido a responder rápidamente la primera vez que un padre da una orden. Un padre no debe tener que gritar, amenazar ni repetir instrucciones para que los hijos obedezcan. La orden debe ser expresada en un tono de voz normal y solo una vez. Podemos ver las consecuencias de la obediencia demorada en la vida de Jonás. Dios le dijo a Jonás que fuera a Nínive. Al final, Jonás fue. Pero las consecuencias de su obediencia demorada pusieron su vida y la de muchos otros en un gran peligro espiritual y físico. La obediencia inmediata debe ser el estándar, así que debemos enseñar a nuestros hijos a cumplir con ese estándar. Debemos reforzar esa expectativa con la vara cada vez que desobedezcan, de lo contrario estaremos enviándoles señales confusas.[2]

LA OBEDIENCIA DEBE SER CON UN CORAZÓN CONTENTO

Dios no solo requiere obediencia *externa* sino también obediencia *interna*. La obediencia interna viene de un corazón gozoso. Si un niño está obedeciendo con la actitud incorrecta, no está obedeciendo de la manera que agrada a Dios. Un niño que obedece externamente pero está molesto internamente porque no se salió con la suya no es verdaderamente feliz. La felicidad y el contentamiento son decisiones del corazón. Los niños pueden elegir obedecer con un corazón contento. Los padres deben guiarles a que lo hagan.

Cuando Wesley era más joven, puedo decir con certeza que recibió más corrección física por desobedecer *con su actitud* que por *desobediencia directa*. Él hacía lo que yo le pedía, pero lo hacía de mala gana. Tuvimos que disciplinarlo bastante para que aprendiera que la obediencia completa requiere de un corazón gozoso y una actitud correcta.

Las actitudes correctas no tienen que ver con las emociones. Tienen que ver con la voluntad. Por tanto, un hijo puede elegir estar feliz y contento. Y eso es lo que Dios lo ha llamado a hacer en Filipenses 2:14: "Háganlo todo sin quejas ni contiendas". Y 1 Tesalonicenses 5:16-18 dice: "Estén siempre alegres, oren sin cesar, den gracias a Dios en toda situación, porque esta es Su voluntad para ustedes en Cristo Jesús". Roy Lessin dice:

> Los sentimientos y las emociones son un barómetro de la voluntad. Cuando un hijo elige la actitud correcta, sus emociones cambiarán.[3]

Hasta los niños pequeños pueden entender: "Cariño, tienes que obedecer a mamá con un corazón contento". Todavía tengo que recordarle a Wesley que su actitud es una decisión. Las emociones son buenas, pero no quiero que él sea un esclavo de sus emociones, así que le recuerdo: "Amor, estás eligiendo tener una mala actitud, cuando deberías elegir obedecer con la actitud correcta".

Ahora, los niños deben sentirse en la libertad de comunicar lo que piensan y lo que sienten, y también de hacer preguntas, pero deben hacerlo en un tono de voz apacible y con una actitud de respeto. En otras palabras, un niño con una actitud irrespetuosa podría decir: "¿Por qué tengo que acostarme a las 8:00? ¡Eso es ridículo!". Un niño que quiera tratar este tema de una manera respetuosa podría preguntar: "Ahora que tengo nueve años, ¿podríamos hablar sobre la hora en que debo acostarme?".

EVITANDO LAS TRAMPAS

Para que tu hijo obedezca inmediatamente y con un corazón dispuesto, debes evitar las siguientes trampas.

Repetirte

Hay algunos padres que repiten sus órdenes dos o tres veces antes de que los hijos hagan lo que se les pide. Si tenemos el hábito de no requerirles obediencia inmediata, estamos habituándoles a no obedecer inmediatamente.

Alzar la voz

Otros padres tienen que alzar la voz más allá de lo normal para que sus hijos obedezcan. Primero hablan primero en un tono de voz normal, y el niño piensa: "No tengo que obedecer por ahora". Luego los padres hablan una segunda vez con un poco más de volumen; el niño examina al padre y piensa: "Aún me queda tiempo. Todavía no se le ven las venas en la frente y en el cuello". Finalmente, cuando mamá ya está a punto de convertirse en Hulk, obedece.

Técnicas mundanas

También están los padres que dicen: "Si no lo haces antes de que cuente hasta tres, ya verás lo que te va a pasar". Empiezan: "Uno"... y el niño no hace nada. "Dos"... el niño sigue en el mismo lugar. "Dos y medio"... y así va. Los niños cumplirán con el estándar que le pongamos. Si no esperas que tu hijo obedezca hasta que cuentes hasta tres, entonces no va a obedecer hasta que cuentes. ¿Por qué no esperar obediencia inmediata? Este estándar no deja lugar a la confusión o a la duda. Es mucho más fácil y más pacífico. Si mi hijo está en la acera y va camino a la calle, no quiero tener que contar hasta tres para que obedezca.

Lo más importante es que estemos instruyéndoles y preparándoles para obedecer a Jesús. Los padres suelen ser responsables por los hábitos de sus hijos. Queremos que tengan el hábito de obedecernos a la primera para que cuando se rindan al señorío de Cristo, se les haga más fácil obedecer a la primera. Así que antes de empezar a contar hasta tres, pregúntate: "¿Quiero que mi hijo tenga el hábito de obedecer a Dios a la primera, a la segunda o a la tercera?".

Instruir a los hijos a obedecer inmediatamente debe ser el estándar. Debemos asegurarnos de no repetir instrucciones, alzar nuestras voces o estar contando hasta tres. Estas cosas nos impiden instruir a nuestros hijos a obedecer de forma instantánea y completa.

Tolerar pequeños actos de desobediencia

También debemos asegurarnos de no estar limitándonos a corregir las desobediencias más graves, dejando pasar cosas menores. Hace unos 100 años, J.C. Ryle advirtió a los padres:

"Tengan cuidado de dejar pasar pequeñas faltas bajo la idea de que son pequeñas. No hay cosas pequeñas en la instrucción de los niños: todas son importantes. Las hierbas pequeñas también necesitan ser eliminadas. Ignóralas y verás cómo crecen".[4] Todo el que tiene un jardín conoce la importancia de ser cuidadoso con las pequeñas hierbas. Si las dejas así todo el verano, son increíblemente difíciles de arrancar. Es fácil hacerlo cuando las raíces son pequeñas y superficiales, pero cuando llevan mucho tiempo es un trabajo arduo, pues las raíces ya se han esparcido y profundizado.

Puedo decirte por experiencia que con los niños sucede lo mismo. Una vez más, es mucho más fácil instruir que reinstruir. En ocasiones me ha pasado que mis niños se portan súper bien por semanas, pero luego surgen pequeños actos de desobediencia o falta de respeto aquí y allá, y yo los dejo pasar porque se han estado portando muy bien. Pero de pronto resulta que estoy frustrada, hablando mucho más alto de lo normal y repitiendo mis órdenes. Y yo soy la culpable. Es porque no he estado cumpliendo con el mandato de Dios de instruirles diligentemente. Y debido a mi desobediencia y negligencia, mi relación con mis hijos ya no es tan íntima ni tan abierta. La tensión y la frustración han afectado nuestra relación y nos han robado parte de la apertura y la cercanía que antes disfrutábamos. Todos sufrimos las consecuencias de mi desobediencia.

Es en momentos como estos que tenemos que sentarlos y decirles: "Niños, tengo que pedirles perdón. Mamá ha estado permitiendo que desobedezcan. No he estado instruyéndoles como debería. Mi responsabilidad es instruirles en sabiduría, pero he estado permitiendo que se comporten neciamente".

También les explico que he pedido perdón a mi Padre celestial por mi desobediencia. Esto no solo es un paso crítico para mí, sino que al hacerlo también les estoy modelando la confesión y el arrepentimiento. Es bueno permitir que nuestros hijos escuchen esta oración. Mi próximo paso es recordar qué se espera de ellos (repasar el estándar) y decirles que los amo demasiado como para permitirles que desobedezcan y se comporten neciamente.

Esperar que hierva la tetera.

La tendencia a pasar por alto la desobediencia está muy asociada al ánimo o a las emociones del padre. Algunos de nosotros tenemos lo que Bruce Ray llama “temperamento de tetera”.

Un temperamento de tetera está caracterizado por una calma externa y una agitación interna. Por fuera todo se ve bien, pero por dentro hay muchas cositas que te van agitando poco a poco hasta que hierves y sale un gran ruido por el pequeño agujero de la tetera. Explotamos repentinamente y agarramos al pobre Jaime. Lo tiramos sobre nuestro regazo y lo disciplinamos como nunca en la vida. De alguna manera, nos imaginamos que esa disciplina va a valer por todas las pequeñas cosas que Jaime ha hecho durante el día.[5]

Disciplinar de esta manera es incorrecto. La disciplina fue el resultado de la frustración de la mamá, no un acto disciplinado de amor. Una “gran disciplina” al final del día nunca va a compensar por las que debiste administrar a lo largo del mismo. Las madres que tienen un temperamento de tetera necesitan depender de la gracia de Dios para poder ir en contra de sus naturalezas y disciplinar según la Palabra de Dios.

12

DIRECTRICES PARA LA DISCIPLINA FÍSICA

A pesar de lo que he dicho sobre la importancia de la disciplina física, también creo que hay ocasiones que pueden parecer situaciones disciplinarias, pero que en realidad no la justifican. *No* se debe disciplinar por las siguientes razones:

Comportamiento infantil

Los niños son inmaduros por naturaleza, y no deben ser disciplinados por comportarse de acuerdo a su edad. Hay una diferencia entre ser *infantil* y ser *necio*. Ser infantil pasa a ser necedad cuando el niño ha recibido instrucciones claras, y las entiende, pero decide desobedecer.

Por ejemplo, es normal que Sandrita se ponga a jugar en la bañera y moje todo el baño. No debería ser disciplinada por comportarse como una niña. Pero este mismo comportamiento sería necedad si lo hace después de que su mamá le ha dicho claramente que no debe jugar en la bañera. Si ese es el caso, ella debe ser disciplinada por comportarse neciamente.

Bajo rendimiento

Los padres deben cuidarse de no disciplinar físicamente por el rendimiento atlético o intelectual del niño. Me refiero a disciplinar a un niño porque sacó una calificación baja en la escuela a pesar de que se esforzó estudiando. Dios ha dado habilidades y talentos específicos a cada niño. A algunos les encanta leer y a otros dibujar. A algunos les encantan los deportes y a otros los instrumentos musicales. Los padres no deben tratar de cambiar las habilidades naturales ni los intereses personales de sus hijos.

Accidentes

Los accidentes involuntarios, como derramar un vaso, no son razones para disciplinar físicamente. Los accidentes pueden ser frustrantes para mamá, pero tienes que detenerte y preguntarte: "¿Este accidente ocurrió por una desobediencia del niño?".

Si a Tomás se le cae su refresco rojo en la alfombra de la sala, no se trata de un acto de desobediencia, así que no debe ser disciplinado por ello (aunque sí sería apropiado hacer que el niño ayude a limpiar). Sin embargo, si la mamá instruyó a Tomás y le dijo claramente que se bebiera el refresco en la cocina y que no fuera a la sala con él, pero a él se le cayó en la alfombra de la sala, entonces sí hay que disciplinarlo. No sería por el accidente, sino porque desobedeció la orden de quedarse en la cocina con su bebida.

Antes de tener toda la información.

Otro momento en el que no se debe disciplinar es cuando no tenemos toda la información acerca de las circunstancias. En muchas ocasiones he tenido que pedir perdón por llegar a ciertas conclusiones sin tener toda la información.

Detrás de nuestra casa hay un arroyo con un pequeño puente. A mis hijos les encanta cruzar ese puente para ir a jugar en el bosque. Sin embargo, un día ellos decidieron que el arroyo se veía más interesante que el bosque, por lo que iniciaron una serie de actividades que llevaron a que terminaran llenos de lodo y completamente mojados. Ellos lo disfrutaron bastante, así que yo traté de ser una mamá chévere y escuché tranquila mientras me contaban todas sus aventuras en el arroyo. Pues, naturalmente, esa nueva área de juego les llamó la atención el día siguiente... y el siguiente... y el siguiente, hasta que por fin me cansé de ser chévere con tal de no tener que seguir quitando todo ese lodo de la ropa de mis hijos.

Les hablé sin rodeos. "Niños, el arroyo ha sido excelente, pero ya está bueno de estar llenos de lodo y mojados todos los días. Ya no pueden seguir jugando en el arroyo. Pueden cruzar el puente y jugar en el bosque, pero ya no más en el arroyo. ¿Se entendió?". Los dos movieron sus cabecitas asintiendo.

No pasaron dos días antes de que Wesley entrara a la casa con los pantalones chorreando agua y los pies enlodados. Abrió la boca para hablar, pero antes de que dijera una palabra, yo empecé. Le dejé saber lo mal que estuvo su desobediencia y le informé de cómo había perdido el privilegio de jugar afuera esa semana.

Cuando por fin terminé de hablar, miré hacia abajo y vi sus rostros exasperados. Con lágrimas y con el labio tembloroso, Wesley empezó a explicar cómo estaban cruzando el puente para jugar en el bosque cuando a Alex se le cayó su osito en el arroyo. Entonces me contó de lo triste que ella se puso. Estaba llorando y gritando: "¡Se va a ahogar, Wesley! ¡Se va ahogar!".

Entonces me abrazó la pierna y me dijo: "Mamá, sé que nos dijiste que no fuéramos al arroyo, pero me puse a pensar qué hubieras querido que hiciéramos. Alex estaba tan triste que pensé que hubieras preferido que yo fuera a buscar el osito por ella".

Se me partió el corazón en mil pedazos. Me había equivocado, y tuve que pedirles perdón por asumir antes de tener toda la información. La Biblia nos advierte: "El que responde antes de escuchar, cosecha necedad y vergüenza" (Pro 18:13 NBLH).

Cuando estés molesto.

Como ya he dicho, un padre que discipline a su hijo estando airado está pecando contra Dios y contra su hijo. Disciplinar con ira puede hacer que tu hijo se resienta en vez de que se arrepienta. Si estás molesto, tómate un tiempo para orar y pídele a Dios que purifique tus motivaciones antes de disciplinar.

¿CUANDO ES NECESARIA LA VARA?

Proverbios 22:15 nos dice que la necedad está ligada al corazón del muchacho, y sabemos que la vara de la disciplina sacará esa necedad. Bíblicamente, disciplinamos cuando hay necedad. Pero ¿qué es la necedad? Roy Lessin dice: "Esta palabra se refiere a una actitud egoísta del corazón que desprecia la sabiduría y la voluntad de Dios, queriendo ser independiente de Él".[1]

La vara es útil para corregir estas áreas de necedad:

1. *Desobediencia directa.* La desobediencia directa es cuando has dado a tus hijos instrucciones claras y te has asegurado de que las entendieron, y a pesar de esto deciden desobedecer. "Hijos, obedezcan a sus padres en todo, porque esto agrada al Señor" (Col 3:20).
2. *Actitud desafiante.* Una actitud desafiante es cuando el niño expresa rebelión por medio de sus acciones, palabras, tono

de voz o expresiones faciales. "Sirvan al Señor con alegría" (Sal 100:2 NBLH). "Háganlo todo sin quejas ni contiendas" (Fil 2:14).

DIRECTRICES BÍBLICAS PARA LA DISCIPLINA FÍSICA

Administrar la vara sin seguir los principios bíblicos puede ser contraproducente y hasta peligroso o dañino para el niño. Asegúrate de siempre seguir estas directrices cuando disciplines a tu hijo. Aclaro que solo son para ti y para tu hijo; solo puedes disciplinar al hijo de otra persona cuando tienes su permiso.

Habla con el niño acerca de lo que hizo mal y explícale por qué debes disciplinarlo. Puedes ayudarlo a examinar su corazón preguntándole algo como: "¿Estuvo Dios complacido con lo que hiciste? ¿Por qué estuvo mal tu acción?". Asegúrate de que sepa que lo estás disciplinando físicamente porque lo amas demasiado como para dejar que el pecado eche raíces en su corazón y crezca. Recuerda usar terminología bíblica cuando reprendas a tu hijo porque, según Hebreos 4:12, es la Palabra de Dios la que va a penetrar el corazón del niño. También es importante que el niño confiese verbalmente lo que hizo y pida perdón.

Guía al niño a pensar en lo que debería haber hecho. Pregúntale: "¿Qué *pudiste* haber hecho en esta situación que hubiera sido mejor?". Permítele pensarlo. Eso es enseñarle a "pensar" como cristiano.

Usa el instrumento apropiado para disciplinar. No debes usar algo muy rígido para no marcar a tu hijo. Usa algo que sea un poco flexible para que pique, pero que no marque.

Administra la vara en el trasero del niño. El trasero es un área sensible, pero está acolchonado de tal manera que nos permite disciplinarlo apropiadamente sin provocarle algún daño físico.

Dile al niño cuántas nalgadas va a recibir. Al decirle a tu hijo cuántas nalgadas va a recibir le demuestras que estás ejerciendo dominio propio. Si el niño no reconoce su falta o no se arrepiente, puede que sea necesario continuar.

Disciplina tan pronto como puedas. Ten en cuenta la edad del niño. Cuando los niños son más pequeños esto es aún más importante. Un niño de dos años que desobedece cuando hay visita en la casa no debe ser disciplinado dos horas después, cuando se haya ido la visita. Aunque no sea lo más cómodo, lo justo para el niño sería que nos excusemos amablemente y nos llevemos al niño para disciplinarlo. Sin embargo, un niño de cuatro años que desobedece en un supermercado puede esperar hasta llegar a la casa para ser disciplinado.

Disciplina en privado. Recuerda que el objetivo no es avergonzar ni humillar a tu hijo, sino traerlo al arrepentimiento. Avergonzarlo delante de sus amigos o familiares (o de todo el que esté en el supermercado) no ayudará a que se arrepienta.

Saca tiempo para la reconciliación. Esto requiere del perdón de los padres. Cuando nuestros hijos pecan, no debemos guardarles rencor. Mark Twain dijo una vez: "El perdón es la fragancia que derrama la violeta sobre el tacón que la aplasta". Una vez hablé con un grupo de madres sobre el tema de la disciplina física. Durante el tiempo de preguntas y respuestas, una madre dijo: "Mi hijo quiere que lo abrace inmediatamente después de que lo disciplino. Se me hace difícil hacerlo porque estoy muy molesta. Necesito tranquilizarme antes de poder hacer las paces con él". Esta mamá no debió haber disciplinado a su hijo si todavía estaba tan molesta. Somos llamadas a perdonar como Jesús perdonó, y a perdonar de inmediato.

No importa lo que hayan hecho o qué tanto nos hayan avergonzado o herido, no es *nada* en comparación con lo que le hicimos al santo Cordero de Dios. Él sufrió y murió en la cruz del calvario por nuestros pecados. Y mientras estuvo allí colgado, sufriendo la agonía de un dolor insoportable —físico y espiritual— Su amor y Su perdón fueron evidentes en Sus palabras: "Padre, perdónalos..." (Lc 23:34). Guardar rencor es pecaminoso. Jesús no se tomó un tiempo para tranquilizarse. Su perdón fue instantáneo y completo. No tenemos derecho a retener el perdón a nuestros hijos, no importa lo que hayan hecho. Colosenses 3:13 dice: "Así como el Señor los perdonó, perdonen también ustedes". Qué ejemplo tan santo, sacrificial, incondicional y amoroso el de Cristo en el Calvario.

Pídele al niño que haga restitución. En la mayoría de los casos, con niños pequeños no es más que hacer que el niño regrese y haga lo correcto. En algunos casos, la restitución puede implicar un poco más. Tal vez el niño se robó un dulce; la restitución sería pedir perdón y a la vez ir y pagar al dueño del dulce. Restituir es más que pedir perdón; es volver atrás y arreglar las cosas. Y es una parte muy importante de instruirles en justicia.

Una vez haya terminado la disciplina física, abraza a tu hijo y dile cuánto lo amas. Él no debe nada. Fue desobediente y ha sido disciplinado apropiadamente, así que ahí terminó el asunto.

CONCLUSIÓN

Muchas veces ponemos en duda nuestros métodos y nos preguntamos si estamos criando a nuestros hijos correctamente. Si nos aseguramos de que los métodos que estamos usando para discipular, instruir y entrenar a nuestros hijos salen de la Escritura, podemos estar confiados en que estamos criando a nuestros hijos de la manera correcta: a la manera de Dios.

Tal vez no has estado instruyendo a tus hijos conforme a la Palabra de Dios, y luego de leer este libro tienes miedo de que sea demasiado tarde. Amada amiga, ¡ten ánimo! ¡Nunca es demasiado tarde! ¡Yo doy testimonio! Verás, yo no crecí en un hogar cristiano. Aunque mis padres eran personas muy morales, mi familia nunca entró a una iglesia hasta mis 17 años. Cuando mis padres aceptaron a Jesús como Señor y Salvador, ya habían terminado de criarnos a mí y a mi hermano. Cuando vieron en sus Biblias el plan de Dios para la familia, sus corazones fueron quebrantados al pensar en todo el tiempo que dejaron a Jesús fuera de nuestras vidas. Pero decidieron no rendirse ante la rebeldía de sus hijos. Ellos oraron y buscaron en la Palabra de Dios cómo compensar por todos esos años. Se aferraron a las promesas de Dios. Uno de los versículos que más les ayudó fue Joel 2:25a: “Yo les compensaré a ustedes por los años en que todo lo devoró ese gran ejército de langostas”.

Una noche mi papá se arrodilló al lado de mi cama, tomó mis manos y me pidió perdón por no haberme criado en los caminos del Señor. De ese momento en adelante, mis padres fueron diligentes en buscar la voluntad de Dios para nuestra familia. Como resultado de su pasión por agradar a Dios, de palabra y de hecho, acepté a Jesús como Señor y Salvador a mis 18 años. Dios es fiel, y Su Palabra nunca vuelve vacía (ver Is 55:11).

Quiero animarte a que sigas buscando y aprendiendo de tu santo manual de instrucciones, la Biblia. Qué gran bendición que Dios no nos haya dejado solos para tratar de descifrar cómo criar a nuestros hijos. Él nos ha provisto todo lo que necesitamos para la vida y la piedad. Por favor, entiende que este libro no contiene todo lo que necesitas saber para criar a tu hijo. Aunque procures seguir mis consejos, no siempre obtendrás los mismos resultados. Si solo dependes de la información que te he provisto aquí, vas a terminar derrotado y confundido. Debes depender completamente de Dios y de Su Palabra. Su voluntad para nosotros no es que estemos derrotados o confundidos, sino que dependamos de Él. Y cuando lo reconocemos en todos nuestros caminos, Él promete darnos sabiduría y enderezar nuestras sendas. "Confía en el SEÑOR de todo corazón, y no en tu propia inteligencia. Reconócelo en todos tus caminos, y Él allanará tus sendas" (Pro 3:5-6).

Instruir a nuestros hijos en justicia es un proceso, pero Dios promete que, así como sucede en un jardín, cosecharemos lo que sembremos. Sigamos sembrando las semillas de la justicia. No puedo pensar en un mejor jardín para plantar esas semillas que los corazones de nuestros hijos. A Dios sea la gloria.

APÉNDICE A

CÓMO LLEGAR A SER CRISTIANO

Si preguntas: "¿Eres cristiano?", la mayoría de los occidentales te dirán: "Sí". Las estadísticas dicen que la mayoría de los occidentales creen en Dios y piensan que van a ir al cielo cuando mueran. Sin embargo, la Biblia dice: "Entren por la puerta estrecha. Porque es ancha la puerta y espacioso el camino que conduce a la destrucción, y muchos entran por ella. Pero estrecha es la puerta y angosto el camino que conduce a la vida, y son pocos los que la encuentran" (Mt 7:13-14). ¿Por qué tantas personas se consideran cristianas si no lo son? Un falso cristiano es engañado por lo que le parece lógico. Hay caminos que al hombre le parecen rectos, pero que acaban por ser caminos de muerte (Pro 14:12).

UN FALSO CRISTIANO...

Cree en Dios

El mero hecho de creer en Dios no te hace cristiano. Satanás y todos los demonios del infierno creen en Dios. Santiago dice:

"¿Tú crees que hay un solo Dios? ¡Magnífico! También los demonios lo creen, y tiemblan" (Stg 2:19). La diferencia entre un falso cristiano y un verdadero cristiano es que este último no solo cree en Dios, sino que *conoce* a Dios personalmente. Para poder conocer a alguien tenemos que pasar tiempo con esa persona. Si no sientes el deseo de pasar tiempo con Dios a través de la oración y de la lectura de Su Palabra, debes considerar si realmente le *conoces*.

Cree en sí mismo

Algunos piensan que son cristianos porque tratan de vivir una vida moral. Se consideran "buenos" en comparación con otros. Creen que se han ganado el derecho a entrar al cielo por sus buenas obras. La Biblia enseña que nuestras buenas obras no nos van a ganar una entrada al cielo, pues "todos nuestros actos de justicia son como trapos de inmundicia" (Is 64:6). Si recibiéramos salvación por ser buenas personas, entonces Dios envió a Su Hijo a morir sin razón. Decir que eres suficientemente bueno como para entrar al cielo por ti mismo es rechazar el sacrificio propiciatorio de Jesucristo.

Cree en la religión

Ser cristiano no se trata de *religión,* sino de *relación*. No obtendremos salvación por ir a la iglesia tres o cuatro domingos al mes. Tampoco depende de tu denominación. La salvación está en la persona de Jesucristo. Ir a la iglesia, servir en el cuidado de niños, enseñar una clase de escuela dominical —nada de eso te da puntos en el libro de la vida del Cordero. El Señor condenó a los líderes religiosos y todos sus rituales cuando dijo: "Este pueblo me alaba con la boca y me honra con los labios, pero su corazón está lejos de Mí. Su adoración no es más que un mandato enseñado por hombres" (Is 29:13). Jesús describió a estas personas como aquellos que lavaban lo de afuera del recipiente mientras lo de adentro seguía impuro (Mt 23:25). A Dios le importa tu corazón, no tu religión externa.

Cree en la misericordia incondicional

Si tan solo alguien me diera una moneda por cada vez que he escuchado a alguien decir: "Dios es demasiado bueno como para mandarme al infierno. Su misericordia triunfará". Es muy cierto que Dios es misericordioso, pero también es perfectamente justo. Él es demasiado santo como para "pasar por alto" nuestro pecado; es necesario pagar la deuda. Para aquellos que *acepten* a Su Hijo, la justicia de Dios cae sobre Jesús, y ellos recibirán misericordia. Para aquellos que *rechacen* a Su Hijo, la justicia de Dios caerá sobre ellos. Jesús lo explica de esta manera: "A cualquiera que me reconozca delante de los demás, Yo también lo reconoceré delante de Mi Padre que está en el cielo. Pero a cualquiera que me desconozca delante de los demás, Yo también lo desconoceré delante de Mi Padre que está en el cielo" (Mt 10:32-33).

La justicia y la misericordia de Dios encuentran su máxima expresión en la cruz, donde Jesús murió como propiciación por nuestros pecados. Al derramar Su ira sobre Jesús, Dios derrama Su misericordia sobre aquellos que creen. Pero aquellos que rechazan Su misericordia al rechazar a Su Hijo sufrirán bajo Su ira. Jesús dijo: "El que cree en Él no es condenado, pero el que no cree ya está condenado por no haber creído en el nombre del Hijo unigénito de Dios" (Jn 3:18).

UN VERDADERO CRISTIANO...

Ser cristiano es tan simple como recibir un regalo. De hecho, la salvación es gratuita. No podemos ganárnosla. No podemos comprarla. Jesús la compró para nosotros con Su propia sangre. Él pagó nuestra deuda por completo para que no tuviéramos que pagarla nosotros mismos. Pablo dice que la "paga", o la consecuencia, del pecado es la muerte (Ro 6:23). La Biblia define la muerte eterna como estar separado de Dios (ver Mt 7:23). Un verdadero cristiano:

Cree que es un pecador

"Pues todos han pecado y están privados de la gloria de Dios" (Ro 3:23). El pecado nos separa de Dios. El pecado es quebrantar la ley de Dios, Sus mandamientos, como cuando mentimos. Todos hemos quebrantado la ley de Dios. Por tanto, todos somos pecadores.

Cree que Jesús murió por él

"Porque tanto amó Dios al mundo, que dio a Su Hijo unigénito, para que todo el que cree en Él no se pierda, sino que tenga vida eterna" (Jn 3:16). No hay mayor amor que el amor que Jesús tuvo por ti. No fueron los clavos que lo sujetaron a la cruz ese día, sino Su amor por ti. Él sufrió y murió para que pudieras tener vida en abundancia.

Puesto que Dios es santo, Él no puede tolerar el pecado. De hecho, Él dijo que todo pecado debe ser castigado con la muerte. Sería justo que cada uno de nosotros pague por nuestros propios pecados. Pero Dios, por Su gran amor, pagó el precio cuando envió a Jesús a morir en la cruz. Dios llamó a esto la "propiciación" de Jesús, el pago por nuestros pecados.

Cree que la salvación es solo a través de Jesucristo

"Yo soy el camino, la verdad y la vida. Nadie llega al Padre sino por Mí" (Jn 14:6). Jesucristo es la única solución a nuestra pecaminosidad. Para nosotros ser perdonados, debe haber propiciación por nuestros pecados. Jesús es nuestra propiciación. Él murió para que nosotros viviéramos. "Porque Cristo murió por los pecados una vez por todas, el justo por los injustos, a fin de llevarlos a ustedes a Dios" (1P 3:18).

Cree en la promesa de Dios

"Mas a cuantos lo recibieron, a los que creen en Su nombre, les dio el derecho de ser hijos de Dios" (Jn 1:12). La Palabra de Dios es verdadera y santa. Todo el que reconoce que es un pecador, cree que Jesús murió en la cruz por sus pecados, se arrepiente de sus pecados y le pide a Jesús que sea su Señor y Salvador, será salvo.

CONVIRTIÉNDOTE EN CRISTIANO

Si no eres cristiano, tu única esperanza es arrepentirte y confiar en la obra de Cristo en la cruz a favor de pecadores. Pídele a Dios que te perdone por todas las formas en que has pecado contra Él, y que te dé un nuevo corazón con el que puedas vivir para Cristo y Su Reino. Puede que esta oración te sea de ayuda:

Dios justo y misericordioso, reconozco que soy un pecador que necesita de tu gracia y de tu perdón. Ayúdame a creer que Jesús murió por mí, pagando el precio por mis pecados. Ayúdame a creer que Jesús se levantó de entre los muertos, venciendo la muerte para que yo pueda vivir eternamente. Te pido perdón por mis pecados contra ti. Por favor, perdóname. Limpia mis pecados con la sangre que derramaste por mí. Te ruego que vengas a mi vida y reines como Señor y Salvador. Ayúdame a conocerte. Ayúdame a obedecerte. Gracias por la salvación que ofreces en Jesús. Amén.

"Todo el que invoque el nombre del Señor será salvo".

— Romanos 10:13

APÉNDICE B

CÓMO GUIAR A TU HIJO A CRISTO

Todo padre cristiano anhela ver el día en que su hijo reciba a Jesús como Señor y Salvador. "Mamá, le pedí a Jesús que sea mi Salvador" trae lágrimas a nuestros ojos y gozo a nuestros corazones. Como padres que desean la vida abundante de Dios para nuestros hijos, nos sobrecogemos al escuchar esas palabras. Sin embargo, como pastores sabios que buscan cuidar los corazones de nuestros niños, debemos ser muy cuidadosos.

Guiar a nuestros hijos a Cristo implica mucho más que simplemente ayudarles a hacer una oración. Es ser un ejemplo vivo de lo que significa caminar con Cristo cada día. Es enseñarles la perspectiva de Dios en cada circunstancia. Es demostrarles el perdón. Es pedirles perdón. Es vivir, respirar y amar la Palabra de Dios en presencia de tus hijos, y también en su ausencia.

Los padres deben ser cuidadosos de no ofrecer a sus hijos una certeza prematura de su salvación. Es normal anhelar la salvación de nuestros hijos. Sin embargo, no debemos permitir que nuestra esperanza descanse sobre meras palabras que no reflejan un cambio en sus corazones. No debemos permitir que nuestros deseos nos engañen y lleven a nuestros hijos a creerse salvos cuando no lo son.

Un pastor muy respetado dijo una vez que él podía llevar a casi cualquier niño menor de diez años a hacer una profesión de fe en Cristo. Él no estaba gloriándose en sus habilidades. Él estaba comentando acerca de la inocencia de los niños. La mayoría de los niños responden a un adulto que sepa hablar bien y suene convincente. Sin embargo, una mera profesión es muy diferente a una verdadera conversión. Una profesión es declarar tu fe. Una conversión es demostrar o vivir tu fe. Profesar no es más que confesar, pero la verdadera conversión se refleja en una vida transformada.

Los niños que crecen en la iglesia son testigos del poder de Dios en la vida de los demás. Muchas veces ellos simplemente confían en la fe de sus padres, pero no tienen sus propias convicciones. Han escuchado la Palabra de Dios predicada domingo tras domingo. No es sorprendente que *crean* en Dios y sepan cómo profesar esa creencia, ¿cierto? Es peligroso suponer que tu hijo es salvo porque tiene conocimiento de las Escrituras y profesa fe en Dios. Es necio ofrecer certeza a un niño sobre la base de un mero conocimiento.

Entender la inocencia de los niños, la esperanza de los padres y los planes sagaces del gran engañador puede ayudarnos a mantener una mente sobria y a guardarnos de arriesgar las tiernas almas de nuestros amados hijos.

¿Estoy diciendo que un niño no puede convertirse? De ninguna manera. Estoy diciendo que debemos ser muy cuidadosos al considerar la inmadurez intelectual de los niños y cómo eso juega un rol en su disposición a entender y confesar su necesidad de Cristo.

¿Estoy diciendo que debemos detenerlos cada vez que hablen de la salvación y del bautismo, y decirles que deben esperar hasta que sean mayores? Para nada. Debemos animarles a venir a Cristo *ahora*, sin demorar. Un corazón que rechaza el llamado del Espíritu Santo puede endurecerse y no responder en el futuro. Debemos animarlos a reconocer la tentación de "dejar a Jesús para después". Retrasar una conversión puede darle lugar al diablo en los corazones de nuestros hijos.

ANIMA A TU HIJO

Cuando tu hijo te hable acerca de su amor y compromiso por Jesús, déjale saber que te llena de gozo su deseo de agradar a Dios. Anímalo a discutir lo que está pensando y que te haga preguntas sobre las cosas que lo confunden. Anímalo a conocer mejor a Jesús al pasar tiempo con el Señor en oración y leyendo Su Palabra. Tal vez consideres ayudarle a elegir una Biblia y un libro devocional apropiado para su edad. Cuando inicie sus tiempos con Dios, déjale saber cuán feliz estás de verlo buscando a Jesús.

Nunca desanimes a tu hijo diciendo: "Si de verdad conocieras a Dios no te comportarías de esa manera". Eso desanimaría a tu hijo y te haría un hipócrita. Como pecador, tú también has sido destituido de la gloria de Dios y necesitas de Su gracia tanto como los demás. Resiste la tentación de usar la ira de Dios como una amenaza para corregir la conducta de tu hijo: "¡Dios te hará pagar si no dejas de pelear con tu hermana!". Anímalo a acercarse al trono de la gracia a través de la virtud, no del miedo al castigo.

Cuando peque, anímalo a buscar refugio en el perdón de Jesús. Procura que te vea hacer lo mismo. Enséñale a tus hijos el modelo bíblico de confesar el pecado, estar realmente arrepentido por el pecado, pedir perdón y cambiar las actitudes y conductas pecaminosas.

RETA A TU HIJO

Dile que un verdadero compromiso con Dios implica nunca volver atrás. Infórmale que ir en pos de Cristo es un compromiso de por vida, no una oración momentánea. Explícale que su fe es independiente a la de sus padres o de sus amigos. Dile que su compromiso debe ser tan fuerte y tan verdadero que aun si aquellos que él ama y aquellos que lo aman a él se alejan de Dios, él no debe hacerlo.

Hazle preguntas que requieran más que un "sí" o un "no". Por ejemplo: "¿Cómo sabes que Dios te ama?"; "¿Necesitas un salvador?"; "¿Qué ha hecho Dios con tu pecado?". No pongas palabras en su boca ni le sugieras respuestas. Dejarlo que responda por sí solo te ayudará a discernir su nivel de espiritualidad y entendimiento. Si determinas que tu hijo está listo para recibir a Cristo como su Señor y Salvador, ve con él al Apéndice A.

BUSCA EVIDENCIAS DE CONVERSIÓN

Una definición de arrepentimiento es "cambiar de parecer". Una verdadera conversión implica alejarse del pecado para acercarse a Dios, sin importar la edad de quien se convierta. Si tu hijo ha experimentado una conversión genuina, habrá una diferencia visible en él. Si el Espíritu de Cristo habita en su corazón, el carácter de Cristo empezará a fluir de su corazón. Al buscar señales de conversión en tu hijo, pregúntate:

1. ¿Trata de aplicar la Palabra de Dios a su vida?
2. ¿Desea obedecer a sus padres u otras autoridades más que antes?
3. ¿Se ve hambriento por conocer a Jesús?
4. ¿Recibe corrección e instrucción con humildad?
5. ¿Tiene un fuerte deseo de agradar a Dios?
6. ¿Parece amar genuinamente a Jesús?
7. ¿Ves alguna diferencia en Él?

APÉNDICE C

CÓMO ORAR POR TU HIJO

Sin importar la etapa de la vida en que se encuentren nuestros hijos, nuestra labor más importante es orar por ellos. Ya sea que estén en pañales, en peligro, en rebelión o en un carro deportivo, nuestra herramienta más poderosa y efectiva como padres es la oración ferviente por cada aspecto de sus vidas.

Como somos padres con una naturaleza pecaminosa, sin duda nos vamos a equivocar. Tomaremos malas decisiones. De vez en cuando vamos a molestarnos de mala manera. Ya que no somos perfectos, vamos a defraudar a nuestros hijos, seremos malos ejemplos y les fallaremos de muchas maneras. Sin embargo, hay una cosa que siempre va a dar frutos y que nunca volverá vacía. Podemos orar por nuestros hijos de acuerdo a la Palabra de Dios. Stormie Omartian dice: "No se trata de ser un padre perfecto, sino de ser un padre que ora".

Orar por nuestros hijos usando la Palabra de Dios está alineado con la voluntad perfecta de Dios para sus vidas. Es amarrar nuestros deseos vanos y superficiales y desatar la sabiduría y el poder de nuestro Dios poderoso. Cuando oramos la Palabra de Dios, rendimos nuestras falsas ideas de lo que es mejor al reconocer que los caminos de Dios no son nuestros caminos. Orar desde las Escrituras es buscar la voluntad del Padre en vez de la voluntad de los padres. "Porque Mis pensamientos no son los de ustedes, ni sus caminos son los Míos —afirma el SEÑOR—. Mis caminos y Mis pensamientos son más altos que los de ustedes; ¡más altos que los cielos sobre la tierra!".

¿POR QUÉ DEBEMOS ORAR?

La oración es un mandato de Dios

"Estén siempre alegres, oren sin cesar, den gracias a Dios en toda situación, porque esta es Su voluntad para ustedes en Cristo Jesús" (1Ts 5:16-18).

La oración nos acerca a Dios

"¿Qué otra nación hay tan grande como la nuestra? ¿Qué nación tiene dioses tan cerca de ella como lo está de nosotros el SEÑOR nuestro Dios cada vez que lo invocamos?" (Dt 4:7).

La oración desata el poder de Dios

"Por eso, confiésense unos a otros sus pecados, y oren unos por otros, para que sean sanados. La oración del justo es poderosa y eficaz" (Stg 5:16).

¿QUÉ DEBEMOS ORAR?

1. Orar que nuestros hijos vengan a salvación a través de la fe en Jesucristo (1Ti 2:3-4).
2. Orar que nos honren y obedezcan, tanto a sus padres como a quienes tengan autoridad sobre ellos (Ef 6:1-3, Heb 13:17).

3. Orar que el Señor les rodee con amigos y modelos piadosos (1Co 15:33; Pro 13:20; 27:17).
4. Orar que el Señor les dé hambre y sed de Él (Sal 42:1-2).
5. Orar que el Señor les conceda el Espíritu de sabiduría y revelación para que puedan conocerlo mejor (Ef 1:17).
6. Orar que los ojos de sus corazones sean iluminados para que puedan conocer la esperanza de su llamamiento (Ef 1:18).
7. Orar que ellos siempre sigan la verdad y rechacen las mentiras de Satanás (Pro 22:3; Tit 2:11-12).
8. Orar que ellos produzcan mucho fruto para la gloria de Dios (Gá 5:22-23; Ef 2:10; 1Jn 3:16-18).
9. Orar que ellos huyan de la tentación (1Co 10:13; 2Ti 2:22-26).
10. Orar que ellos usen sus dones y talentos para la gloria de Dios (Pro 16:3; 1Co 10:31).
11. Orar que ellos sean libres del temor en la medida que aumenta su confianza en el Señor (Sal 56:13; 2Ts 3:16; 2Ti 1:7).
12. Orar que ellos se mantengan puros sexualmente para sus futuras parejas (1Co 10:8; Heb 13:4).
13. Orar que Dios les conceda esposos piadosos (2Co 6:14-16).
14. Orar que ellos lleven todo pensamiento cautivo a la obediencia a Cristo (2Co 10:5; Fil 4:8).
15. Orar que ellos sean más como Él (Ro 8:28-29).

Tenemos que aprender a confiar en el Señor en toda situación —¡y todos sabemos que cada hijo viene con sus propias situaciones!— y a no depender de nuestro entendimiento. Debemos darnos cuenta de que cada bendición, cada prueba y cada tristeza viene de las manos de un Padre amoroso. Debemos tener plena confianza en la soberanía de Dios.

¿CÓMO DEBEMOS ORAR?

Estudia a tus hijos e interésate por lo que está pasando en sus vidas para poder orar de manera específica por cada uno de ellos. Encuentra versículos en la Palabra de Dios que estén relacionados a las situaciones que ellos estén enfrentando. Pregúntale a tus hijos cómo puedes orar por ellos. Ora la Palabra de Dios por tus hijos (Heb 4:12).

Ora en voz alta con ellos. Ora frecuentemente. Ora de manera conversacional, como si estuvieras hablando con alguien que está en la misma habitación (sin todo ese lenguaje de iglesia que es tan difícil de entender para los niños). Ora en todo lugar —en la casa, en el patio, mientras van en el auto, mientras le dan de comer al perro— de manera que los niños sepan que nuestro Padre celestial siempre está presente.

Ora por las cosas pequeñas (como un juguete perdido) y por las cosas grandes (como por un nuevo trabajo para su papá). Cuéntales de la fidelidad de Dios cuando Él responda esas oraciones. Considera llevar un registro de esas oraciones contestadas para que ellos puedan leerlo años más tarde. La oración no solo te va a acercar a Dios, sino que también te acercará a tus hijos. Anima a tus hijos a orar por todo. ¡Asegúrales que Dios es fiel y que suplirá cada una de sus necesidades!

RECONOCIMIENTOS

Mi más profunda gratitud a los dos niños más preciosos que una madre pudiera pedir, Wesley y Alex, por permitirme usar ejemplos de nuestra propia familia para poder animar a otros. ¡Ustedes dos son mi más grande bendición!

Quiero expresar mi más profunda gratitud a Tedd Tripp, cuyo libro y serie de videos de *Cómo pastorear el corazón de tu hijo* son, en mi opinión, los recursos más cristocéntricos sobre la crianza. Tus explicaciones sobre la disciplina bíblica y orientada al corazón no solo han moldeado mi propia maternidad, sino que han servido de columna vertebral para este libro.

Gracias a Lou Priolo, cuyo excelente trabajo en *The Heart of Anger* [*El corazón de la ira*] y *Teach Them Diligently* [*Enséñales con diligencia*] está reflejado en este libro.

También agradezco a Roy Lessin. Tu libro, *Spanking—a Loving Discipline* [*La corrección física: Una disciplina amorosa*], me ayudó tremendamente a aclarar las diferencias entre la corrección física mundana y la disciplina bíblica. Mucha de la sabiduría que he recibido de ti se refleja en los capítulos 9 al 12.

Siento una gratitud especial hacia las amigas que me animan constantemente, Lisa O'Quinn y Aimee Schmitt, quienes me preguntaron un millón de veces: "¿Cuándo vas a escribir un libro?", y luego me siguieron preguntando hasta que lo hice.

Gracias a mi súper editora, Débora Stabler, por ir mucho más allá de lo necesario para pulir este libro.

Muchas gracias a mi héroe del ciber espacio, Al Roland, quién logró salvar este libro muchas veces de los intestinos de mi computador mientras yo me volvía loca por el teléfono.

Mi sincera gratitud a Glynnis Whitwer, quien avivó las llamas de mi pasión por la escritura al enseñarme a hacerlo correctamente.

Mil gracias a Mark Maddox por animarme a perseverar hasta que este libro fuera publicado. Tu confianza en mí y en esta obra significa más de lo que puedes imaginar.

Quisiera reconocer y agradecer a los lectores que ofrecieron diversas opiniones que mejoraron este libro: Gina Ferrell, Julie Daum, Thelma Plowman, Andi Barnes, Glenn y Lena Sollie, y James y April Martin".

También quiero agradecer a mi querida amiga, Rebecca Ingram Powell, por siempre saber qué decir y por interrumpir mi trabajo con correos electrónicos recordándome que debía "comer" y "dormir". Qué gran bendición ha sido viajar esta aventura junto a ti.

Quiero dar gracias de manera especial a mi pastor, Al Jackson, y a Patty Chance por su ayuda con el Apéndice B.

Gracias de corazón a mi amiga y mentora, Toma Knight. La sabiduría que he recibido de ti a lo largo de los años está muy presente en este libro. También aprecio tu ayuda con el Apéndice C.

Gracias, Walter Henegar, por asegurarte de que el contenido fuese correcto bíblicamente y por ayudarme con la parte gramatical.

Estoy especialmente agradecida a Aaron Tripp, Rick Irvin y al equipo de trabajo de Shepherd Press, quienes hicieron de este libro una realidad. Es un honor servir a Jesús a través de esta casa editorial.

Y más que nada, agradezco a mi Señor y Salvador, Jesucristo, por darme el privilegio de animar a otras madres. Que Tu nombre sea glorificado.

NOTAS DE TEXTO

1. EL ALTO LLAMADO DE LA MATERNIDAD

1. Mabel Bartlett and Sophia Baker, *Mothers—Makers of Men* [*Madres: Hacedoras de hombres*] (New York: Exposition Press, 1952), 92.
2. Louis M. Notkin, ed., *Mother Tributes from the World's Great Literature* [*Tributos a madres de la mejor literatura del mundo*] (New York: Samuel Curl, 1943), 177.
3. Lindsey O'Conner, *Moms Who Changed the World* [*Madres que cambiaron el mundo*] (Eugene, OR.: Harvest House, 1999), 65.

2. DEFENDIENDO LA DISCIPLINA

1. Tedd Tripp, *Shepherding a Child's Heart* [*Cómo pastorear el corazón de tu hijo*] (Wapwallopen, PA: Shepherd Press, 2005), 4.

3. SACANDO A LA LUZ LOS PROBLEMAS DEL CORAZÓN

1. Tripp, *Shepherding a Child's Heart*, 5.

5. DOMANDO LA LENGUA

1. Mucho del material en esta sección es un replanteamiento del excelente material en el libro *The Heart of Anger* [*El*

corazón de la ira] (New York: Calvary Press, 1997) de Lou Priolo, sobre todo del capítulo 4.
2. Priolo, *The Heart of Anger*, 64–65.
3. Priolo, *The Heart of Anger*, 65–66.
4. Priolo, *The Heart of Anger*, 66. Este ejemplo completo es de Lou Priolo. Yo solo sustituí su ejemplo por el de atar zapatos, ya que las madres amarran muchos zapatos antes de que sus hijos aprendan.

7. MANEJANDO AL MANIPULADOR

1. Priolo, *The Heart of Anger*, 125. En este capítulo tomé prestado mucho de los capítulos 9 y 10 del libro de *The Heart of Anger* de Lou Priolo.

8. DIRECTRICES PARA LA CORRECCIÓN VERBAL

1. De nuevo, le debo gran parte de este material a Lou Priolo.
2. H. Clay Trumbull, *Hints on Child Training* [*Pautas para entrenar a los hijos*] (Eugene, OR: Great Expectations, 1990), 129, 130, 131.
3. Ginger Hubbard, *Palabras sabias para mamás* (Medellín: Poiema Publicaciones, 2016).

9. EL TRASERO Y SU CONEXIÓN... ¿CON EL CORAZÓN?

1. Tripp, *Shepherding a Child's Heart*, 104.

10. EL MODELO BÍBLICO FUNCIONA

1. "Es cierto que la Biblia nos da instrucciones sobre cómo vivir, ¡pero es mucho más que eso! Es una historia extraordinaria dicha en narrativa, ley, poesía, profecía, canción, epístola, visiones, etc., diciéndonos dónde comenzó la

historia y hacia dónde va —y sobre todo, de QUIÉN se trata la historia". Walter Henegar.

2. Roy Lessin, *Spanking: Why, When, How* [*Disciplina física: Por qué, cuándo, cómo*] (Minneapolis, MN: Bethany House, 1979), 18.
3. Roy Lessin, *Spanking—A Loving Discipline* [*La corrección física: Una disciplina amorosa*] (Minneapolis, MN: Bethany House, 2002), 60.
4. Lessin, *Spanking—A Loving Discipline*, 61.
5. Lessin, *Spanking—A Loving Discipline*, 61.
6. Lessin, *Spanking—A Loving Discipline*, 62.
7. Bruce Ray, *Withhold Not Correction* [*No rehuses la corrección*] (Phillipsburg, NJ: Presbyterian & Reformed Publishing Company, 1978), 103.
8. Tripp, *Shepherding a Child's Heart*, 112.

11. ESTABLECIENDO EL ESTÁNDAR DE OBEDIENCIA

1. Lessin, *Spanking—A Loving Discipline*, 50–51.
2. Lessin, *Spanking—A Loving Discipline*, 53.
3. Lessin, *Spanking—A Loving Discipline*, 56–57.
4. Ray, *Withhold Not Correction*, 105.
5. Ray, *Withhold Not Correction*, 106.

12. DIRECTRICES PARA LA DISCIPLINA BÍBLICA

1. Lessin, *Spanking—A Loving Discipline*, 27.

TÍTULOS DE LA SERIE

LA PALABRA DE DIOS PARA TI

"Todo Gálatas habla del evangelio: el evangelio que todos necesitamos durante toda la vida. **¡Este evangelio es como dinamita!** Oro para que su poderoso mensaje explote en tu corazón mientras lees este libro".

- Timothy Keller

LÉELOS • ESTÚDIALOS • ÚSALOS

El Evangelio
¡para cada rincón de la Vida!

Poiema /POY-EMA/ es la palabra griega que se refiere a una obra creada por Dios. Es la raíz de nuestra palabra "poema", que nos insinúa algo artístico, no una simple fabricación. Pablo dice:

Porque somos la obra maestra (POIEMA) de Dios, creados de nuevo en Cristo Jesús...
Efesios 2:10

El propósito de Poiema Publicaciones es reflejar la imagen de nuestro Creador, creando libros de alta calidad, accesibles, agradables y pertinentes al mundo caído en el que vivimos. Dios nos invita a tomar parte en la redención de toda Su creación en Jesús. En Poiema Publicaciones, sentimos un llamado a que nuestra lectura ¡también sea redimida!